通訳ガイドの醍醐味

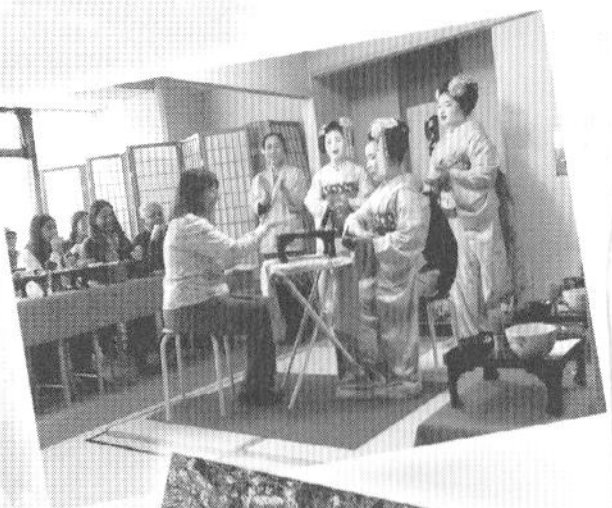

訪日観光客を案内して

高橋文子

Takahashi Fumiko

通訳ガイドの醍醐味

——訪日観光客を案内して

高橋文子

はじめに

私は旅行が大好きだったので、学生時代から、好きな旅行をしながら外国人に日本を案内する通訳ガイドという仕事に興味を持っていました。

一九六四年にアジアで初めてのオリンピックが東京で開催されることが決まると、日本国中に、英語熱が高まりました。当時大学生だった私もＥＳＳ（英語研究会）に籍を置いて英会話の勉強に精を出していました。その英語を使うチャンスが意外にも早くやってきました。

オリンピック期間中の二週間、はとバスの学生通訳に採用されたのです。世界中から訪れる外国人のエスコート役として、各ホテルから競技会場へ案内するのが主な仕事でしたが、ときには通訳ガイドの補佐役として皇居や浅草をはじめとした観光コースのバスにも同乗。そのときに乗り合わせた熟年の男性ガイドの素晴らしい説明に聞き惚《ほ》れました。「私もいつか英語で日本の伝統文化をあのように伝えることができたら」という思いを強くしたのを記憶しています。

その翌年、文部省（現文部科学省）派遣の西ドイツ親善使節としてドイツをはじめヨーロッパ各地を視察してまわるという、願ってもない幸運に恵まれたのです。

大学卒業後、ポーランド大使館に勤めたのですが、この海外体験で外国の魅力にとりつかれてしまった私は、今度はアメリカを見たいという単純な動機で、パンアメリカン航空へ入社しました。大使館へは半年間の休職届を提出して出発したのですが、それから、ハワイ、ニューヨーク、シアトル、サンフランシスコとベースを変え、一六年間一万時間以上も一一八都市に広がる航空路線に乗務しました。

日本に帰国後、念願だった通訳ガイドの資格を取りました。学生時代に夢見た仕事でしたが子育ての最中で、しかも当時はガイドの需要はあまりなかったので、就業はせず、雑誌への連載や単行本の執筆に追われているうちに、あっという間に歳月が流れていきました。

そんなある日、NHKの『八重の桜』二〇一三年一月放送のプロモーション番組を見ていたときのことです。大河番組のヒロイン、新島八重が京都御所を英語で伝えていたという話を耳にしました。そのとき、いっきょに一九六四年の東京オリンピックのことが蘇ってきました。折しも東北大震災他の影響での原発問題で日本列島は悲惨な状態でした。外国人観光客が激減しているこの時期に、何か人のために役に立つことをしたいと真剣に考えていた時期でもありました。

翌日、さっそくJGA（日本観光通訳協会）事務局に向かいました。JGAは一九四〇年に創立した日本初の通訳協会です。年齢的に難しいと思っていたところ、

「引退してからガイドになる方も多いので大丈夫です。私も七八歳になりますが、まだ現役ですから」

との当時の矢木野功次会長のこの言葉は励みになりました。

現在ガイド就業日数約二〇〇日余りになりますが、実際これが完全なガイドだったと思えるツアーは皆無です。日本の伝統文化を英語で伝えるということは、想像以上に難しく、終わりがないことを実感しています。けれども、毎回新しい出会いがあり発見があるので、仕事を終えたあと充実感を感じることのできる、とてもやりがいのある仕事だと思っています。

通訳案内士になるには、国土交通省の主管で国際観光振興会が実施する国家試験に合格し、都道府県に登録が必要です。一九四九年に司法試験と同年に公布され実施された国家試験で、二〇〇五年までは通訳案内業試験と呼ばれていた、語学に関する唯一の国家資格です。

私が通訳ガイドに就業した時期は、政府が観光立国を目指し、訪日観光客の誘致策が展開された直後だったため、インバウンド客が急増していました。ガイドの仕事の依頼も多く、とてもこなすことが難しいほどの需要がありました。

ところが二〇二〇年に入り、コロナによるパンデミックの影響で東京オリンピックが延期。世界の往来は大幅に規制され、海外からの入国者が激減しました。

航空機の旅客が大幅に減少し打撃を受けたのは旅行業ですが、なかでもインバウンド客が激減した結果、外国人を案内する通訳案内士の仕事は九九・九パーセントの減少となったのです。世界中であらゆる産業がコロナの影響を受けていますが、これだけ打撃を受けた職種は他にないでしょう。

新型コロナウイルス禍に見舞われる直前の二〇一九年の観光客は三千万人以上もいて、旅行消費額は四・八兆円と過去最高を更新しました。

毎年春になると、各旅行業者は観光通訳不足で頭を悩ましていましたが、そんな状況が二〇二〇年になって一変したのです。

インバウンドがもっとも活況を呈していた時期に通訳ガイドの仕事ができたのは、とてもラッキーだったと思います。この七年間のガイド生活を振り返ると、数々の出来事が走馬灯のように蘇ってきます。

マスク姿の日本人に遭遇するたびに、「どうして日本人はマスクをつけているの？」と何度も聞かれました。欧米諸国ではマスクは病人がするものだからです。

マスクが苦手の私は、コロナでマスク着用が義務づけられてからは、スーパーに行く以外は、家にこもってしまいます。ネットフリックや読書三昧という受け身の生活に明け暮れて数ヵ月経ち、そろそろ収束してもいい時期と思っても、なかなかその日はやってきません。

二〇一九年まで世界中の人たちと握手やハグを交わし、日本中で積極的に動いていた日々と何と違うことか。実際こんな時代が来るとは想像もしていませんでした。

そんな思いで、元気に動きまわっていたガイド時代の回想記をまとめ、ハッピーな時代を懐古することにしました。新聞や雑誌に書いていた記事に、新たに加筆してまとめたのが本書です。

自分の予定で制限がなく出かけられる日が一日も早く訪れることを願いつつ、本書を書き上げました。

これから通訳案内士を目指している方だけでなく、本書をお読みいただいている皆様に、旅を通して人との出会いの楽しさをお伝えすることができればうれしいです。

二〇二一年六月

著者

目次

第一章

東京の観光地

皇居二重橋をバックに

皇居に夢中なアメリカ人女子高生

東京のほぼ真ん中に位置する皇居は、浅草、明治神宮とともに東京の三大観光スポットとして外国人観光客に人気です。

バスやタクシー、またはリムジンで皇居前広場に到着したら、

「この広場には昔、将軍に仕える大名の屋敷が並んでいました」と説明します。

「日本の天皇皇后両陛下が皇居にお住まいです。一九世紀の半ば、二六四年間続いた武家政権が終焉を迎え、首都が京都から東京に移りました。東京は日本の東の都とも言われています。皇居は東京の中心部に位置し、堀と石の塀に囲まれています」

歩きつつこのように簡単な説明をしながら、写真を撮るため二重橋に近づいていきます。

「ここから、二重橋が見えます。二つの橋のアーチが水面に映り込んでいるので、写真を撮るのに最適の場所です」

一九六四年の東京オリンピックのときに学生通訳としてはとバスに乗ったときも、この二重橋を背景に外国人観光客が記念写真を撮っていました。もう半世紀以上も前なのですが、ついこの間のような気もします。通訳案内士として外国からのお客様をここにお連れするたびに、

デジャヴ感を味わうスポットです。東京中が大きな変化を遂げているのに、ここ皇居前広場だけはまったく昔のままだからでしょうか。

私の通訳案内士としての最初の仕事が皇居内の参観でした。アメリカ人の女子高生の東京案内を三日間依頼されたのですが、彼女の東京観光の第一希望が皇居の参観だったのです。

来日前に皇居参観許可を取っていたので、当日は桔梗門から入りました。手荷物の検査をした後、その荷物をコインロッカーに預けてから、待合室でツアーの説明を受けると、いよいよツアーがスタート。参加者は三〇数名で外国人は彼女一人でした。宮内庁の庁舎前から宮殿東庭を通り、正門鉄橋まで舗装された道を歩いていきます。約一時間二・二キロの距離です。

大雨の降る中、背の高い彼女に背伸びしながら、宮内庁の日本人ガイドの説明を通訳しました。一言も漏らすまいと懸命に聞く姿は、とても十代の少女とは思えないほど堂々としたもの。二重橋の正面鉄橋を上から見下ろす地点でガイドの説明はほぼ終了し、折り返し地点になると、同じ舗装道路を歩いて桔梗門に戻ります。

どうして女性は天皇になれないの？――太古の女帝たち

土砂降りの中での皇居参観ツアーのあと、彼女が発した第一声は、

「女性は天皇になれますか？」

これはとても的を得た質問で、

「日本に女性の天皇はいましたか」とともにもっともよく聞かれることなのです。

「推古天皇が日本で最初の女性天皇でしたが、現在の法律では、皇位を継承できるのは男系の男子と定められています」

すると、今度は日本の最初の天皇は誰なのかという話になりました。大昔のことですので、

「神武天皇が日本の最初の天皇といわれています。日本最古の書によると神武天皇は紀元前六六〇年に即位したと記録されています」と言うと、「天照大神が皇室の祖先なのですよね」と聞いてきました。

「神話としてそう伝えられています。高千穂の天岩戸に隠れていた天照大神がまつられているのは、伊勢神宮の内宮なのです」

日本の歴史に並々ならぬ興味を示す一〇代の少女の真剣なまなざしに、強風で何度も傘が飛ばされそうになりながら答えました。

彼女の日本歴史、とくに皇室に関する知識はかなりのもの。待合室で、ツアーの途中トイレを待っている間も、次から次へと発する彼女の質問に何とか対応したのですが、実に緊張感のある数時間でした。湖のように澄んだ大きな瞳がまだ目に焼き付いています。

来日前にかなり勉強してきたのでしょうが、あれだけ質問攻めにあったのは、ガイド生活七年間でこのときが最初で最後でした。

待合室のロッカーからタオルを出して濡れた体を拭いてから、次の目的地、日本橋に向かいました。一七世紀に呉服店としてスタートした三越や日本銀行を見てみたいとの希望でした。外国人観光客は銀座のデパートに行くことが多いですが、五街道の起点だった日本橋周辺は、歴史的に重要なスポットなのです。

三越の天女像をを見学した後、ランチタイム。地下の食堂街で空席を見つけテーブルに座ろうとすると、

「もっと高級感のあるのレストランに行きたいのですが」

と言われました。この若さで堂々と自己主張をするのに一瞬驚いたのですが、けっして物怖じせず妥協しない少女の姿が新鮮でもありました。

七階の特別食堂は純白のテーブルクロスが敷かれていたので気に入った様子。大好物だというな重を食べながら、

「帰国したら卒業パーティーで、いろいろ忙しいでしょう」と聞くと、

「プロムは馬鹿馬鹿しい（stupid）から行かないし、デートも興味ないの」と公言していました。

プロムは映画やドラマでもたびたび紹介されている卒業前に開かれるダンスパーティーで、アメリカの高校生が最も楽しみにしている青春の一大イベントなので、（この若さでこの美貌で、もったいない）と一瞬、唖然としてしまいました。


三年後に彼女の弟が友人と来日したときに二人のガイドするチャンスがあり、そのときお姉さんの話になり、初めて納得できたのでした。

大学生になったばかりという彼女の弟は笑顔がチャーミングで、真剣な表情だった姉とまったく違って気さくでイージーゴーイング。

「姉は凄く頭がいいんだ。小さいころから比較されて、僕はいつも劣等感を持っていた。父のお気に入りで、今二人でマチュピチュに行っている」

弟が姉の自慢話をするのに、かぶりを振ってうなずきながら、友人も付け加えます。

「彼のお姉さんが優秀なのは有名な話で、半端じゃない。頭がいいうえに、いつも勉強ばかりしているから、誰もかなわないのさ」

この二人は大学生になっても将来何になるかは決めていませんでしたが、姉のほうは高校生

のときから生物学者になると私にも言っていて、その分野で屈指の名門大学に入学すると熱く語っていたのが印象的でした。ノーベル賞受賞者の山中伸弥氏やスタッフ細胞の難しい話もしていました。何より私が驚いたのは、スマホを器用に操ることです。あっという間に一〇〇枚以上の家族や友人の写真を取り出して見せてくれたのですが、その速さに驚愕したのを覚えています。

「なぜそんなに早くできるの？　勉強もネットで検索しているのですか」

と不思議に思って聞く私に、

「ネットと書籍は使い分けているの。大事なものは、やはり紙の本でじっくり読みたいから」

堂々とした彼女の答えに、すでに学者の片りんを感じたのでした。

来日前に日本の歴史書を読破してきたという姉と、勉強が嫌いで読書が苦手という弟。類は友を呼ぶというのか弟の友人も同じタイプで天真爛漫。歴史どころか観光もまったく興味なし。ランチはお姉さんとは真逆で、どんなところでもＯＫで完食。来日中アニメやゲームなどに明け暮れて、たくさん買い物をしてしまったのか、東京観光最終日に山手線に乗車中、急にかしこまった表情で、

「ガイド料は、お父さんからの後払いでいいですか」と聞いてきました。

「もちろんですよ」と答えたら、急に晴れやかな笑顔で、隣に座っていた友人とガッツポーズ。京都行の新幹線は行きはグリーン車、帰りは普通席の切符を買って、「憧れの新幹線を両クラス楽しみたい」と翌日、日帰りの京都旅行に出かけていきました。

「シリコンバレーでＩＴ関連の企業のトップが来日中の三日間、一〇時から一七時まで、社長の娘のプライベートガイドをお願いしたいのですが」とＪＧＡのガイドリストを見た秘書から電話があったのが発端でした。それから三年後、息子の来日時にと父親から直接メールで依頼されたときには、滅多にない話なので二つ返事で引き受けたのがこの二人のガイドでした。

ルーマニアからの移民だった父親が、一代で築き上げたＩＴ関連会社が急成長し、ビジネスでよく来日するということで、そのときは、たまたま休暇中だった高校三年生の娘が同行したのでした。

成田から到着した日に父親の案内ですでに浅草を見たということだし、第一希望の皇居も行ったあと、「どこか観光地ではないところに行ってみたい」とのリクエストで、若者に人気の街、吉祥寺を案内してから深大寺を案内することにしました。

午後になり快晴になった植物園で満開のバラを目にしたとき、皇居で見せた真剣な表情とは打って変わって、花が大好きな可憐な乙女の表情に一変。

「こんなきれいなバラ見たことないわ。お父さんに見せるの」

と言いながら色とりどりのバラの花を二つのカメラを駆使して写真に収めていました。

植物園を下って深大寺の境内に入ると、「静かで自然でこんなお寺が好き。浅草寺は人が多かったから」と嬉しそうに話してくれます。「雀のお宿」でコーヒーブレーク中もますます饒舌になり、「父は優秀なエンジニアで素晴らしい父親で、とても尊敬してるの。日本は初めてだけど、毎年夏はパリに二週間家族旅行をして、そのあとルーマニアに行くのよ」

「夏のパリはホテルが取れないでしょう？」と言うと、

「いつも同じホテルに泊まるから問題ないの」

とは、さすが社長令嬢といったところです。

店の前で二人でセルフィーで記念写真を撮ろうとしていると、「雀のお宿」のスタッフが出てきてシャッターを押してくれました。その後、「スタイル抜群で美しい女性ですね。友人ですか」と聞いてきました。

「まだ一〇代の高校生で、私は通訳なんです」と答えながら、彼が彼女を凝視していたときに、改めて彼女を見ると美女であることを再確認。彼は店内に入ったときから彼女にくぎ付けになり、後を追ってきたようなのでした。

その日のツアー終了後に恵比寿ガーデンプレイスのホテルのロビーで父親に初めて会ったときは、今度は私がくぎ付けに。

ウェスティンホテルのロビーに一歩足を踏み入れると、ベージュのスーツ姿の洗練された着こなしの男性が目につきました。「雑誌から抜け出てきたみたい」と思っていたら、その男性は彼女を見るとたちまち笑顔になりました。これが（自慢の父親なのだ、優しいだけでなく外見も抜群なのだから、娘が自慢するのも無理はない）と、実感。頭脳も容姿も親から子へと受け継がれる遺伝子というものが、実際に存在することを感じさせられた瞬間でした。

彼女が美少女だということを再確認したばかりでしたが、男性がもっとも輝く五〇歳前後の完成された魅力にはかないません。アメリカ人には珍しい、抜群の着こなしの良さが、彼の魅力をいっそう引き立てていたのかもしれません。

ルーマニアといえば、ドラキュラが有名ですが、こんなにも家庭的で素晴らしい男性がいたのかと感心した次第です。

あれから六年、生物学を専攻する大学院生となった彼女ですが、最近は同じルーツを持つルーマニア系のボーイフレンドと一緒に撮った写真を送ってきてくれます。プロムは馬鹿らしいと言い放っていた一途な優等生が、普通に青春をエンジョイしている様子を見るとなぜかほっとして、こちらまで嬉しくなってしまいます。

東御苑は拝観料無料で事前に許可証を申請せずに入れるので、近年観光客に人気の場所です。一九六八年に一般に開放されたこの皇居の庭園の一部は東御苑と呼ばれています。大手門は東御苑に入る正門です。

昔、江戸城があった場所に位置するので、歴史的な建造物が残っています。

なかでも天守が焼失した後、その代用として使われた三重櫓で、富士山が見える塔と呼ばれる富士見櫓は最も重要な歴史的遺跡です。

ＭＩＴエンジニアが驚愕！　東御苑の巨大石垣

いろいろな国籍の人たちを東御苑に案内しましたが、ここは興味を持ってくれる人と、そうでない人との落差が非常に大きい所です。もっとも喜んでくれたのがＭＩＴ出身のエンジニアでした。

ＭＩＴ（マサチューセッツ工科大学）は多くのノーベル賞受賞者を輩出しているアメリカの理工系専門の大学です。そこの修士課程を終了したというエンジニアと中学生の娘リサを案内したとき、彼は、皇居のお堀の石にいたく感動していたものです。

江戸城の正門だった大手門から入ると、まもなく驚くほど大きな石垣が見えてきます。百人番所の前に積まれている巨大な石垣を前にした彼は、しばしくぎ付けになりました。

「この巨大な石、すごいね！　この石は六角形だ。こんな巨大な石をどうやって運んだのかな」

彼の好奇心は途絶えることがなく、天守台に到達した後も興奮状態が続き、ガイドの出番がほとんどありませんでした。理工学的に専門のことをずいぶんいろいろと話してくれましたが、あまりにも専門用語が多すぎて、ほんの少ししか覚えていません。

「これは本丸の遺物ですよね。うぉー！　なんてかしこかったんだろう！　こんなふうに石を組み合わせていたなんて。大火事の後でも石がちゃんとした形で残っているんだからさすがだ」

と続ける彼に、

「この本丸を支えるために使われた基礎工事用の石はすごい数です」

と彼の好きな石について触れると、感慨ぶかげに、うなずいてつぶやきました。

「だからこそ地震などの天災にも耐え、五〇〇年以上も持っているんですね」

太田道灌の築いた江戸城の頑強さには驚かされますが、東御苑の中に入ると巨石がまじかに迫ってくるようで、石マニアの人は特に圧倒されるのだと思います。

キアヌ・リーヴス主演の『47Ｒｏｎｉｎ』という題名で映画化されたこともあり、『忠臣蔵』

は外国人に人気があります。松の廊下を見たいという日系のアメリカ人がいましたが、現在石碑だけしか残されていないのでがっかり。そのあと訪れた江戸東京博物館で松の廊下の模型を見て納得していました。

観光客はそれぞれ興味の対象が違っていますので、個人旅行では前もってお客様の関心に合わせてガイドする必要性を感じました。

この石マニアの男性は、歴史的なところにはまったく興味を示しませんでしたが、とにかくエンジニアは何かと数字の話をする習癖があります。

ウオーキング・ディスタンスっていうけれど……

東御苑観光の後、銀座までタクシーを拾おうとすると、さっそくスマホでチェックした結果〝歩いていける距離〟ということに。

東京駅から二重橋まで歩いたあと東御苑と数時間休憩なしで歩いて来たので、私はもちろん、同行していた彼の娘さんもかなり疲れてきた様子でした。

「蒸し暑くなってきたので、ここからタクシーを拾った方がいいと思います。午後の観光もありますから少し休んでおきましょう」

近くを走っていたタクシーを止めて乗り込んだときの娘のリサの表情が嬉しそうでした。前日にスタジオジブリに行ったときにも、アメリカから持参したという、宮崎駿の長編アニメ映画『となりのトトロ』のコスプレ衣裳タイプのパーカーを身につけていた、まだあどけなさが残る一四歳の少女です。

「母は医者でアイビーリーグの名門校ハーバード大学のメディカルスクールを卒業しているから、私はいつも劣等感を感じているわ。どんなに頑張っても両親にはかなわない。来年高校に入学したら寮生活がスタートするのよ。まだ家を出て行きたくないのに」

東銀座で寿司を食べていたとき、それまで黙っていたリサは、私に訴えるような口調で一気に話してくれました。

「でも休みになったら、いつでも家に帰ったらいいじゃない？　自分の部屋があるのだから」と言うと、私たちの会話を聞いていた父親の「彼女の寝室は僕のコンピュータールームにする予定です」との言葉に唖然としてしまいました。

カリフォルニアに住んでいた夫の両親は、九〇代で亡くなるまで子供たちの部屋をそのままにしていました。三人の子供たちがいつでも泊まりに帰れるようにしていたのです。コンピューター時代の真っただ中にいるこの四〇代の父親との違い！　同じアメリカ人でも世代の違いがあるものだと実感したシーンでした。

それから数ヵ月後、このまったく同じ場所に、ドバイからの研修生一〇数名を案内しました。富士見櫓、松の廊下を急ぎ足で通過し天守台に到着しました。眼下に見えている大奥の説明をしようと思っていたときに、一番おとなしかった研修生のアリが急に不機嫌になり、大声で発した言葉が驚くほど否定的なものでした。

「もう歩きたくない。これはローマの遺跡とは違う。何も残ってないんだから、ここでは何も感動できないんだよ」

確かに遺跡というものを期待していたら物足りないかもしれません。風の強い日だったので、寒さと疲れがたまってきていたのでしょう。とっさに彼に向かって説明しました。

「地球上にはたくさんの国があり、たくさん文化があります。日本には独自の文化があって西洋文化とは異なったものなのです。ローマの遺跡は素晴らしくて古代のものです」

「この遺跡をご覧ください。一七世紀のものです。将軍のハーレムである大奥がこの場所にあったのです。ここは〝大奥《オオオク》〟と呼ばれ将軍に仕える五〇〇人位の女性が生活していました」

「江戸時代には城内で　てんぷらを揚げることは禁じられていたのですよ」

彼らの大好物がてんぷらだったのを思い出し、とっさに発した一言に興味津々の様子。

ガイドをしていていつも感じるのですが、観光客の最大の関心事は食べ物です。特に日本食がユネスコの無形文化遺産に登録されて以来、日本食を食べつくすためにガイド同行で日本中をまわるという人もいるくらい。スリムな体系を望む人には、日本食は究極の美容食、健康食ともなっているらしいのです。

イギリス人の書いた〝Sushi and Beyond〟がベストセラーとなり、ＮＨＫでも関連番組を放映したせいか、マイケル・ブース一家が焼き鳥を食べた新宿のおかげ横丁や、ゴールデン街に行きたいという観光客が増えています。実際そこでランチを食べたいという人は私がガイドした限りではまだい一人もいませんが。

プライベートで観光客を案内していてランチタイムにそれぞれのお客様の好みのレストランに連れて行くことは、観光地を案内するよりずっと難しくたいへんですが、もっとも大切な仕事だと実感させられます。

その後、塩見坂を降りて二の丸公園に行くと、もうアリの機嫌は直っていました。

「砂漠地帯に住んでいる人たちは、木を見るとホッとするのです。かれらはもともと自分の感情を率直に話すので、気にしないでいいですよ」

と同行していた日本人の関係者の言葉どおり、その後、二の丸庭園に出て海石榴《ツバキ》の花や池の鯉を眺めているうちに、アリは別人のように機嫌がよくなっていました。

砂漠の民をも癒やす将軍の庭園

「二の丸庭園は江戸時代、将軍のために設計された回遊式庭園です。日本庭園の美しさは他の国では見られません。四季折々の花々が咲いていますが、今は海石榴が見頃です」と説明しながらアリの方に目を向けると、もう笑顔を浮かべていますす。人はたった五分くらいの間にこんなに変わるものかと不思議な感じがした瞬間でした。美しい木々や花々を見ることで、人は癒されるものなのです。一同は笑顔でうなずきながらその場を後にしたのでした。

駐在で中近東の砂漠に住んでいた商社マンが成田空港に到着し、都心に向かう車中から木々の緑を見て涙が出てきたという話を聞いたことがあります。長年海外で生活をしてから故郷に帰る日本人は自分を含めて少なくありません。「緑のふるさと」「緑の地球」は、〝人の心を平和にする〟というのが、万国共通の感情なのでしょう。

六〇年代の後半、日本経済が高度成長の真っただ中にあった時代、ホノルルから羽田に到着するたびに東京の空はなんて汚いのかと思ったものです。ところが現在では、飛行機が外国から成田空港に近づいてくると、まるで緑のじゅうたんを敷き詰めた巨大な公園に舞い降りるような感覚をおぼえさせられます。そして空は青く澄みわたり、古い木造建築の代わりに超モダンな建物が林立して、ダイナミックな町の息吹が感じられてくるようです。その東京の中心部にある皇居は、松の深い緑と大きな石垣がお堀の水に映し出され、ずっと昔のままの姿を今に伝えています。

丸の内――現在と過去の美しい調和

皇居を案内していると必然的に丸の内に目がいきます。徒歩でも車中でもここは、東京の新旧のコントラストがもっとも美しく、独特の存在感を放っています。

「丸の内は〝皇居の堀の内〟という意味で、東京で最大の商業地区です。皇居と東京駅の間に位置しています。この地域には三菱グループ系列会社の本社があります」

「東京駅は一九一四年に開業した日本でもっとも大きな駅で、アムステルダムの中央駅をモデルにつくられた赤レンガの駅舎で、皇居と銀座に近い丸の内地区にあります」

ここを案内していて忘れられないのはサウジアラビアからの観光客でした。S氏夫妻と大学生の長男、中学生の四人の一家でした。

二重橋前で写真を撮った後、私たちを乗せたリムジンが第一生命館の前を通過したとき、「戦後、ここにマッカーサー元帥が率いる司令部がおかれ、それから七年間、日本はアメリカの占領下にありました」

と説明したとたん、それまで寡黙だったＳ氏が突然、

「もうアメリカの軍隊はいらない。日本はとっくに独立すべきだった」

と言ってから、「どうしてサウジアラビア人が反米なのか知っていますか？」と私に質問してきました。「石油を支配しているからですか」と答えると、

「それよりも何よりも、日本に原爆を落としたことはけっして許されない。多くの人を無差別に殺りくした。これ以上の悪はない」

と柔和な顔に怒りをにじませ、きっぱりと言い切ったのです。

私は遠いイスラムの地に、これほどピュアな理解者がいることに感銘を受けました。

日本では滅多に話題にしないことなのですが、私が昔パリで空港に向かう前に、パンナムの制服を着たまま宿泊先のインターコンチネンタル・ホテルのカフェで朝食をとっていると、隣に座っていたフランス人の男性に「どうして日本人のあなたが、原爆を落とした国の航空会社で働くの？」と言われたときの情景が蘇ってきました。一九七〇年代のことですが、それから何度も、日本人が「仕方がない」とけっして口にしない原爆投下のことを、外国人から聞かさ

れています。

エレガントなビルが立ち並ぶこの周辺でひときわ印象的なのは、お堀端に面した明治生命館です。

「明治生命館は終戦後、連合軍に接収されていました。土曜日と日曜日の一一時から午後五時まで歴史的な会議室や食堂などが一般公開されています」

マッカーサー元帥の執務室は隣接する第一生命ビルの二階を拠点にしていましたが、サンフランシスコ講和条約が発効され、ＧＨＱが廃止された一九五二年まで、この明治生命館の会議室で行われた対日理事会の会議に出席しています。

終戦後にＧＨＱに接収されたこのコリント式の建物の古典的な外観には圧倒されますが、館内も荘厳で華麗な雰囲気が漂っています。

一九九七年に明治生命館は昭和の建造物として初めて、国の重要文化財に指定されています。

明治生命館では安田財閥、そしてジョンとヨーコの話が喜ばれる

観光バスでここを通過するときには、ジョン・レノンとオノ・ヨーコ（小野洋子）の話をしています。

「日本人で最も有名な女性であるオノ・ヨーコは安田財閥の出なのです」と話し出すと、バスの乗客である数十人の目がいっせいに輝きます。

「ジョン・レノンの妻、オノ・ヨーコは安田財閥の出です。彼女は一八八〇年に安田銀行と明治安田生命保険を設立した安田善次郎の〝ひ孫〟にあたります。安田財閥は、三井、三菱、住友とともに戦前の日本の四大財閥の一つです」

彼女のヒッピー的なフリーな生き方が、とても上流階級の出に見えないせいなのか、バスを降りて皇居まで歩いていく途中、「ヨーコが財閥の出とはとても信じられない」と言ってきたフィリピンの女性に「彼女が育った家は今、あなたの国の大使館になっているのですよ」と返すと、さらに驚いた様子。二〇世紀のカップルとなった二人は、今でも世界中の人々に愛され続け、関心を集めているのです。

週末に皇居のガイドがあるときには、かならずといっていいほど明治生命館を案内し、とて

も喜ばれています。

ＵＡＥ（アラブ首長国連邦）の研修生を案内したときには、一階の吹き抜けの大空間をはじめ、あちこちにちりばめられた大理石にみんな驚嘆していました。古代から石の文化を持つ彼らは、特に床に用いられているイタリア産の石は非常に高価なものだといって、入り口近くの床にしばし立ち止まったままでした。まだ建国まもない国の人にとっては、一世紀ほど前に日本の建築家によりつくられたことが驚きだった様子。しきりに「Japanese Technology」（日本の技術）という言葉を繰り返していました。

この後、ランチは館内に隣接する「丸の内ＭＹ ＰＬＡＺＡ」内の「ハゲ天」に。若く好奇心旺盛な彼らの一番の関心事は日本の皇室と英国の王室の違い。広大な皇居に住む日本の天皇の財産、税金問題などが特に気になることのようでした。


イスラム教徒である彼らは昼食の後、部屋でお祈りをしたいということで、あらかじめランチは畳の部屋があるところに予約しておいたのです。

お祈りの直前になると、昼食中あんなに賑やかだった彼らが急変。厳粛なムードになり、トイレでお清めをし、日本人の私たちは部屋の外で待つことになりました。旅行中でも一日六回のお祈りを実行するのはたいへんでしょうが、時間を見つけてお祈りを実践する敬虔なイスラム教徒の姿に感心しました。

ムスリム青年の憂鬱

帰り際、望遠レンズのついたニコンのカメラで一日中写真を撮りまくっていたスルタンが私に話しかけてきました。

「アメリカでは、とてもいやな思いをした。イスラム人口は世界人口の四分の一近くも占めるのに（一五・七億人、二二・九パーセント）、欧米に行くとムスリムというだけで差別される。〝どうしてこの男を入国させたのだ〟ということまで言われたことがある」

よほど悔しかったのか語調を強めて話してくれたのですが、しばし返す言葉が出てきませんでした。ちょうど日本人捕虜のことが連日ニュースで報道されていたときだったので、そのことに触れると、

「どうして日本人の彼らがイスラム圏に入国できたのか不思議だ。僕らだって絶対に近づかない危険地帯なのだから。日本は完全にイスラム圏の宣伝材料に利用されている」

いろいろ意見の違いはあるとしても、相手の言葉に耳を傾け、人種や宗教や文化の違いを受け入れることから理解が生まれ、合意に至るものと私は信じています。

ツアー終了後も彼の悲しげな表情がしばらく焼き付いていました。

明治神宮で若者の興味を惹いたものとは？

明治神宮は浅草、皇居と並んで東京観光のもっとも重要なスポットです。アメリカのオバマ大統領も在任中、過密スケジュールの中で明治神宮を参拝しました。

創建されて百年近くたち、日本中から寄付された一〇万本以上の木が今は永遠の森となり、約五〇種の野鳥が集うこの杜は、今や都心のパワースポット。天気のよい日には絶好の散歩コースとなっています。

原宿駅から数分歩くと、すぐ第一の鳥居が見えてきます。

「これは鳥居で、神社への入口です。神道とは文字通り〝神の道〟という意味で日本固有の宗教です。日本史上もっとも早い時代から伝わってきた自然崇拝です。神道と仏教を同時に信仰にしている日本人もいます」

参道が砂利道で本殿まで二〇分位歩くので、ここで砂利道のことに軽く触れておきます。明治神宮の参道を歩いていると、観光客から「どうして砂利道を歩くのか」とは、よく聞かれることなのです。

「この玉砂利の参道は少し歩きにくいですが、神聖な場所にはお清めのために小さな小石が敷かれています。玉砂利を踏んで歩いていくことでお清めができるのです」

参道を歩きながら、初めて明治神宮と明治天皇の説明をすることになります。

「明治神宮は明治天皇と昭憲皇太后をお祀りする神宮です。崩御された（亡くなられた）後の一九二〇年に創建されました。明治天皇は近代日本の最初の天皇です。一八六七年徳川政権が終焉すると京都御所を去られ江戸に移られ、東京と改めました」

鳥居を通過してまもなく日本酒や葡萄酒の樽が見えてきます。参道の両側にどっしりと置かれているカラフルな樽はかなり目につくので、ここでよく聞かれるのは、どうして酒樽が神社に置かれているかということ。酒はいまや世界語になっているくらい外国人に人気がある飲物ですから興味津々なのでしょう。質問があるのは日本に関して興味を持ってくれていることなので、ガイド冥利に尽きます。若い学生や研修生は好奇心があるようで、鳥居や神社より、この参道の両側に整然と並べられてある大きな樽に関心を示します。

ここで一番多く質問してきたのが皇居東御苑にも案内した、ＵＡＥからの研修生でした。

「この中には酒やワインが入っているのですか？」「空です」と答えると、「その樽もあっちの樽も全部空なんですか？」と続けてすぐに、

「どうしてここに、フランスのワインの樽がおかれているんですか？」

まだツアーがスタートしたばかりなので、若者は元気そのもの。次から次へと質問が飛び交います。

「酒樽が神社や寺の外にお供え物として積まれています。酒は米からつくられる醸造酒です。日本全国の酒メーカーの名前が酒樽に記されています。酒は結婚式のような祭りごとなどにはもちろん、特に私たちの生活の中で重要な役割りを果たしています」

ここを過ぎると、いよいよ明治神宮の目玉ともいえる二の鳥居に近づいてきます。この大鳥居は、

「これは日本で一番大きな木の鳥居です。高さ約一二メートルで、台湾の樹齢一五〇〇年の檜でつくられています」

日本文化に造詣の深そうな人たちであれば、さらに鳥居のいちばん上にある菊の花の説明や家紋などの説明をするといいでしょう。明治神宮は何度も案内していますが、個人の観光客で時間が許せば説明し、とても喜んでいただいています。

「鳥居の上にある菊の花をご覧になってください。この一六弁の菊の花は、皇室の御紋です。日本の家系にはそれぞれ家紋があります。私たちは自然を崇拝しているので、家紋に使われるのは花や木々がほとんどです」

鳥居の色が朱色でないわけとは

日本の神社の鳥居は朱色が多いのですが、明治天皇が自然の色を好んだので朱色に塗らなかったこと、それに天皇が日本の近代化に貢献したことを付け加えておきます。

「明治天皇は自然の色を好まれました。天皇は生涯、日本の西欧化に尽力されました。まげをそり落とし、洋服を着用した最初の日本人の一人だったのです」

鳥居の色は正式には朱色なので、vermillion（朱色）と説明するとorange（オレンジ色）と聞き返されたことがありました。

元来、朱色は日本の伝統的な鮮やかな赤で、外国人はあまり使わない言葉のようなのです。

米国人の夫にこの言葉に関して尋ねてみると、

「一度だけ往年の名優マーロン・ブランド主演で『A Burst of Vermillion』という映画があったけれど、ロードショー直前に、『One Eyed Jacks（片目のジャック）』という題名に変更されたということ。二〇年間英語圏で生活していて滅多に聞かれなかった言葉が、ガイドになってからよく耳にするようになったのは不思議な感じです。日本の漆器や陶器など伝統工芸などの鮮やかな色彩を表現する朱色という言葉に、非常に奥深い繊細さを感じました。

一九世紀に出版されたナサニエル・ホーソーン作の『the Scarlet Letter（緋文字）』という

題名のゴシックロマン小説は、学生時代に読んでかなり強烈な印象を受けました。アメリカ文学専攻の教授が〝「緋文字」というタイトルはかなりショッキングだが、内容も同様〟といったコメントをしていたのを思い出します。

大鳥居をくぐると、その先は本殿です。

宗教・言葉の壁をものともしない超絶ガイド

清めの仕方についての説明は、こうです。

「神社の本殿に入る前にお清めをする必要があります。これが〝手水舎〟と呼ばれるお清めの場所です。石の鉢から水を汲んで左手を、そして次に右手を洗い、それから、口をすすぎます。ひしゃくに口を付けないように気を付けてください」

観光客の宗教が異なる場合などには、この儀式は無理にお勧めしないようにしています。あらかじめ「試してみたい方はどうぞ」と言って、あくまで本人の意思を優先し、希望者だけにひしゃくの持ち方などを説明しています。宗教的な問題がなくても真冬などにこの儀式をすると冷えてしまうので、厳冬の時期にはあまり勧めない方が無難かと思います。

この原稿を書いているころ、オーストラリアのキャンベラから個人旅行中の五人家族を明治神宮に案内しました。残暑がまだ残る九月のかなり暑い日でした。

五歳の男の子をはじめ家族全員が手水の儀式を始めようとしていたそのとき、大きな鯉のぼりの旗を持った二〇代くらいの女性ガイドに引率された、三〇名位の団体観光客がこの手水舎に近づいてきました。

私たちがひしゃくを右手に持って、これから水を汲もうというときでした。その若い女性ガイドがよく通る大きな美しい声で、

「最初に左手を次に右手を洗い、口をすすいで、そして最後にひしゃくのカップを上にして柄を下にして残りの水をすべて使って、柄を清めます」

と完璧な英語でデモンストレーションをしながら説明し始めたのでした。その場にいた人たちも彼女の圧倒的な存在感に見とれてしまいました。驚いたことに彼女はツアーの参加者全員に、何度かに分けて同じ説明を繰り返しながら、ほぼ全員に体験させていたのです。たまたま私のお客様が、手水舎の脇を通りかかった新郎新婦の記念撮影をしていたので、一部始終を見学することができました。ほんの数分間の出来事でしたが、このガイドの凛とした態度と一人一人を大切に手を抜かないプロ意識に脱帽。

この日の晩、私は同じガイド協会に所属するベテランガイドの友人に電話をしてしまいました。

「今まで自分のしてきたことが十分でなく、反省してしまったわ。今日明治神宮で出会ったガイドは複雑なお清めの方法を全部、最後にひしゃくのカップを上にして残りの水を使って柄を清める所まで説明していたの」と告げると、友人はすかさず、「ガイディングはそれぞれ違っていいのよ。だいたいあんなに大勢の人が次から次へとくるところで、そんなに時間は取れないでしょう」

彼女の答えを聞いてほっとしたと同時に、私にはあれだけの声量がないので、〝今まで通りでいいのかも〟と思ったのですが、同胞のこの毅然としたガイドの存在は、ガイドという職業を極めた究極のプロフェッショナルとして脳裏に焼き付き、非常に鼓舞され、私には記念すべき人になりました。

拝殿の賽銭箱にはどのコイン？—五円玉にまつわるハッピーなストーリー

「ここが明治神宮の拝殿です。まず初めに賽銭箱にお金を入れ、二度お辞儀をします。そして手を二度打ったあと、目を閉じながら願い事をしてください。最後にもう一度お辞儀をします」

賽銭箱に入れるお金の額については誰でも関心のあることで、かならずといっていいほど聞かれますが、日本に到着してまもない人とか、コインは面倒で覚えたくないという人も結構多いのです。今はどこでもカード払いになっているので、たまに神社やお寺でおみくじなど現金精算のみというときに、手のひらいっぱいにコインを広げてきて、「この中から支払ってください」と頼まれることもよくあります。

「お賽銭の額はいくらでもいいのです。五円は日本語で〝ご縁〟という意味なので、五円玉を賽銭箱に投げ入れて良縁を祈願する独身者もいます」


この五円にまつわる楽しい思い出があります。

数年前の夏、英国旅行中に立ち寄った西部の港湾都市ブリストルのレストランでのこと。ブリストルは一八世紀に英国屈指の港湾都市として繁栄した港町です。かつてのような繁栄は失われて衰退した今でも、往時を想わせる美しいガラス細工を施した重厚な建物が多く残っている歴史的な風格を備えた街です。

ドイツから駆けつけてくれた学生時代からの親友であるハンスと、私のステイ先の友人と私の三人で夕食に行ったときのことでした。もともとハンスとは家族ぐるみの付き合いだったので、外で夕食をしたのはこれが初めてでした。

フルコースの食事を終え支払いの段になり、私が三人分の食事代を支払おうとしたときでした。それぞれが違ったものをオーダーしていて計算が面倒だと思っていたのですが、何とハンスはすでに一人一人の会計の計算を終えていたのです。わざわざフランクフルトから飛んできて来てくれたハンス、それにロングステイしている日本人の友人へのお礼の気持ちを込めて、私が支払うのは当然のことと思っていた私に、彼はきっぱり言いました。

「ドイツでは外で食事したらかならず割り勘にします。日本のようにあやふやにしない。それは〝後でお礼をしなくては〟といった考えがなくなり、とっても合理的なのです」

ダッチトリート（割り勘）という言葉が根付いているヨーロッパ。特に中部ヨーロッパ人は質実剛健で下手に見栄を張らず、実に合理的でよい習慣だと改めて実感した出来事でした。

なるほど、彼の言うことも一理あると思いながら開けた財布の中から、カチッと音を立て落ちたものがありました。それを床から拾ったウエイトレスの表情が輝き、驚喜の声をあげ「just lovely！（まあ、ステキ！）」と連発。

彼女が拾ったのは私の財布の片隅から出てきたピカピカの五円玉だったのです。穴の開いたものはかなり珍しいうえ、純金で日本のコインでもかなり価値のあるものと思ったのか「Please keep it（さしあげますよ）」と言ったら、大喜びで「本当にいいのですか？　このコインを鎖に通して、ネックレスにしたいの」と彼女。二〇歳前後でヒッピー風。かなりブリストル訛りの強いアクセントで話していましたが、それがとっても新鮮でキュートでした。彼女の着ていた黒いタンクトップのシャツとともに、五円玉を持って無心に喜んでいた彼女の横顔が、旅の思い出として、今でも浮かんできます。

日本人は喜怒哀楽をあまり現さず、歓喜する表情を多く見ることがなかったせいで、特に印象に残っているのかもしれません。ガイドをしているときの参拝用に五円玉をいくつか持ち歩いているので、その一つが財布の奥に入っていたのでしたが、それがこんなに異国の女性を喜ばせることになるとは、予想もしていませんでした。当時イギリスも日本ブームだったので、「日本語が彫られていてとても素敵」とも言っていましたが、コインに掘られた日本の文字も見栄えがするということになるのでしょうか。そういえば、ヒースロー空港でも日本語のTシャツを着た小さな男の子を見かけたばかりでした。

ガイドを始めて一年余り、お金の計算やレシートの管理などが負担になっていた時期だったので、ドイツの友人の合理的な考え方、生き方は、面倒だという思いは排除しなくてはならないという点で、その後のガイド生活でも大いに参考になっています。

花嫁の角隠しに魅せられたキャンベラの農園主

明治神宮の本殿では、よく結婚式が終わったばかりのカップルと家族や友人たちが歩いているのが目に入ります。大安の週末に限らず、神前結婚式を挙げる一団に出会います。この日は土曜日だったため結婚式が多かったのか、次から次へと新郎新婦を先頭に三〇数名が行列を作り、歩いているのに出会いました。

普段滅多に見ることのない着物姿の日本人が、古式ゆかしくゆっくりと行進している様子は、まさに絶好のシャッターチャンス。手水の近くで私が女性ガイドを見学していたとき、一心に花嫁姿を撮影していたキャンベラの農場主の男性は、ここでも愛用のキャノンのシャッターを押し続けていました。三回目の行進中に、先ほど手水舎の前で写真を撮っていた新郎新婦が、今度は本殿で結婚式場に向かって大勢で行進しているのを見つけ、旧知の間柄の人に会ったかのように興奮気味。ほっぺたを真っ赤にしてシャッターを押し続けながら、

「あの花嫁が被っているのはなんですか」

と聞いてきましたが、これはここではよく聞かれる質問です。

「花嫁は純白の着物を着て、〝角隠し〟という白い頭飾りをつけています。白い頭飾りを付けているのは、けっして怒らないということを誓っているのです」

「日本の神前結婚式では夫婦が〝三々九度〟というお酒を飲む儀式があります。三種類の漆塗りの杯で三回ずつ、計九回お酒を飲み交わします」

と説明する私の目をじっと見つめながら、神妙な面持ちでうなずくと、また同じ花嫁めがけてシャッターを押し始めました。あんなに撮ってもまだ十分でないようです。

明治神宮ではおみくじの代わりに和歌が書かれた紙が授与されます。

「和歌は日本の古典的な詩で、五・七・五・七・七の五句三一音の形式で成り立っています。短い抒情詩として和歌は自然や人間生活の美を尊重しています。明治天皇と昭憲皇太后は和歌を詠むのがお上手でした」

和歌同様現在も国民の間に愛好されている俳句は、欧米で今、人気沸騰中ですので、ついでに俳句のことも説明しておくといいでしょう。

「俳句は五・七・五の三つの句一七語に季語を入れた日本の詩です。最も有名な俳人は松尾芭蕉です」

「新年の三日間で三百万人以上の人々が明治神宮を訪れます。日本でもっとも人気のある神社として記載されています。そしてまたその後の一月の成人の日には、着物の写真を撮るのに最適の場所とされています」と説明すると、「3 MILLION ?」と聞き返されました。オーストラリアの首都キャンベラの人口の、一〇倍近くの人が神社を訪れるということに驚いたのでした。

まさかの合コン？　南米美女軍団vs中東青年団

参拝者数日本一のパワースポットで、もっともスピリットがあふれている場所であるこの明治神宮で参拝した後、外国人観光客たちの目にとまるのは絵馬です。

酒樽に興奮していた中東の研修生たちはイスラム教徒なので、本殿に入っても興味津々であちこち写真を撮っていましたが、特に絵馬に興味を示しました。

「これは絵馬と呼ばれる奉納板です。この絵馬の裏に願い事を書いて、神社やお寺に納めるのです」

絵馬の説明をしていたとき、一人の小柄な女性が私に話しかけてきました。

「それに願い事を書いて祈願するのですよね」

「そうですよ、よくご存知ですね」という返事には何の反応も示さず、次の瞬間、彼女は男性軍の方に向きを変えて話し出しました。

「あなたたちはどこの国からきたの?」

「どのくらい日本に滞在するの?」

などと月並みな質問を連発し始めました。あっけにとられて答えに窮している男性陣たちに、彼女はさらにこう、続けます。

「もう何日も東京に居るのだったら、日本の女の子と知り合えたでしょ。きれいな女の子が多いわよね」

きれいな若い女性から一方的に質問され、彼らはすっかり驚いた様子。しかも彼女はいっこうにその場を離れようとしないのです。矢継ぎ早に質問してくる彼女を、男性陣は唖然として見つめていました。自分たちに関心を持ってくれて悪い気はしないのか、みなその場を離れようとしません。

ついさっき拝殿でお祈りやお辞儀の仕方を説明していたとき、熱心に私の方を見つめていた彼らが、今度はいっせいに彼女を見つめて、その場を動かないのです。そんな様子を見ていた、彼らの日本での研修担当である国際石油交流センターのK氏が、

「みんな彼女を気に入っているようですね。ランチに来てもらってもいいですよ。余分に予約していたので」

（まさかそこまでしなくとも……）と思ったのですが、一応彼らの意見を聞こうと後ろを振り向いたときでした。そのペルーの女性はいつのまにか三人の女性を連れてきて、男性たちに紹介していたのです。

（えっ、これって合コンじゃない？）

男性軍のうちで独身者はたった一人。もっとも若く見えるモハメッドは二人の妻がいると言っていました。彼いわく、

「よく見ると四人の女性の中で話しかけてきた女性がダントツに美人でした。どこの国の男性でも美しい女性に弱いということでしょうか。話しかけてきたのが後から来た目立たないタイ

プの女性だったら、みんなもっと早く退却していたかもしれません」とのこと。

明るい太陽がいっぱいの神聖な神社で繰り広げられたこの種のアプローチはかなり珍しいことなのですが、このハプニングは現代的で面白おかしくもありました。楽しい現場に居合わせて、ふと自分の青春時代にタイムスリップ。あのころの南米の女性は敬虔なカトリックで、シャペロンというお付きの女性に伴われて外出する習慣があったけれど、最近の若い女性は解放的になったものだと感心しました。そのときすぐに浮かんできたのは、謎の空中都市マチュピチュ。

ニューヨークベースで飛んでいた七〇年代の初め、私は五番街の旅行会社で見た雄大なマチュピチュのポスターに魅せられ、その場でペルー行を決行。ニューヨークからリマに飛び、現地で日系人の経営するツアーに入り、リマからクスコまで電車で三時間。ホテルについたときには高山病で体調不良になったのですが、三泊したホテルのスタッフは本当に親切にしてくれました。

ペルー人だけでなく、ツアーで一緒だったオーストラリア人のカップルやカナダ人のご夫婦も食事のたびに、「同じテーブルでご一緒に」と誘ってくれたり、写真を撮ってくれたりと一人旅の私に何かと気を遣ってくれました。たくさん写真を撮ったせいか、あのとき出会った人たちの顔が今でも時折目に浮かんできて、雄大な景色とともに素晴らしい思い出となっています。

たった一度訪れただけなのに、世界の秘境をくまなく旅してもあのときの感動を超えることがないのは、景観とともに素晴らしい人との出会いがあったからなのではないかと思っています。

そんな昔のことを思い出しながら、はるばる地球の裏側から日本旅行に来てくれているペルーの女性たちにも、日本旅行中にいい出会いがあってほしいと思った次第です。

いつの時代でも、旅は出会いのチャンスに満ちているのです。

神道の儀式でもっとも人気があるのは相撲の土俵入

相撲は神社とは密接な関係があります。二〇世紀の初頭以来、日本の国技として認定された相撲は、もともとは神道の儀式でしたので、今でも神事として相撲を行っている神社が少なくありません。

「相撲は日本の国技で、相撲の歴史は古代にまでさかのぼります。相撲は豊作の祈りとして行われてきました。明治神宮でもっとも人気がある神道の儀式は、相撲の最高位である横綱による土俵入りという儀式です」

まず、こう紹介します。

横綱が外国人であることも人気の秘密なのか、観光客の間で昨今、相撲はとても人気があります。場所中に相撲を見たいとの要望でチケット探しに奔走したことがありましたが、相撲の当日券を入手するのは容易ではありません。どうしてもあきらめきれなかった一〇代のフィリピン人の男の子二人は「お相撲さんと写真を撮りたい」との希望で、国技館まで連れて行ったことがありました。三回ほど違う力士にお願いしたら、どの力士も快く一緒にポーズしてくださいました。

彼らの母親いわく、「普段でも二人で相撲の取っ組み合いをしているのですよ。お相撲さんと一緒に撮った写真は、この子たちの生涯の宝物になります」と感謝され、私まで嬉しくなりました。

マニラでもテレビ中継で相撲の試合を見ているそうで、相撲は一年六回（六場所）あり、勝敗や技に関する知識は生半可ではなかったのですが、試合の前の儀式で力士が何度も塩をまく理由がよくわからないということでした。

「塩は日本ではお清めの象徴だと考えられています。それで、相撲の力士は土俵を清めるために、ひとつかみの塩を土俵に投げるのです」

皇居や明治神宮を案内する際には、明治維新のことに触れることになります。長い鎖国の後の日本史上もっとも激動的だったこの時代を、外国の観光客に理解してもらうのは容易なことではありません。

外国人に明治維新を理解してもらうには、映画から入っていくと分かりやすいでしょう。

外国人観光客に大人気のラストサムライ〝西郷さん〟

トム・クルーズ主演の映画『ラストサムライ』は、日本のみならず海外各国で大ヒットした作品ですが、世界中で日本ブームの火付け役になりました。この映画でハリウッド入りした渡辺謙が演じた侍のことに触れると興味を示してくれます。侍、忍者、刀などが外国人の間でブームを引き起こしていますが、黒澤明監督の『七人の侍』とともにこの映画が発端となっているのだと思います。

「トムクルーズ主演の映画『ラストサムライ』をご覧になりましたか？　渡辺謙が演じたサムライを覚えていらっしゃいますか？　あの映画は日本の歴史に登場した人物の話がもとになっています」

世界でも類のない大変革を遂げたこの時代の説明は、黒船来航、開国、徳川幕府崩壊、大政奉還と入っていくことになります。

「日本は一八五三年のペリー提督率いる黒船が浦賀に来航するまで、鎖国政策をとっていました。ペリーは日本が開国することを要求しました」

「諸外国との貿易は経済的にも社会的にも混乱を招きました。一八六七年最後の将軍である一五代徳川慶喜は権力を天皇に返還し、二世紀半以上続いた封建制度が終焉しました。これが明治維新と呼ばれる日本の歴史上もっとも画期的な改革です」

「明治時代は一八六八年から一九一二年まで続きました。明治天皇のもとに日本は近代化され西欧化されました。なかでも重要なことは学制が発布されたことです。日本の国民は誰もがすべて初等教育を受ける機会が与えられました」

数ヵ月前、仕事で来日中のフィリピン人家族四人と一緒に上野に行ったついでに、西郷隆盛像まで案内しました。『ラストサムライ』を見て感動したという三〇代の息子に、

「これが西郷隆盛の銅像です」と言うと、

「では、彼があの勝元なのですね！」

勝元盛次はエドワード・ズウィック監督が映画化した際の西郷隆盛といわれています。最後の侍、西郷隆盛は日本人だけでなく外国人にも愛されています。

かなりの日本通の彼は、日本関連の本や映画もほとんど見ていて、ジャパノロジストといっ

てもいいくらい博識。

「みんな侍といっているけど将軍は一人だけで、その下に大名、侍と三ランクがあったのですよね。江戸幕府が二〇〇年以上続いたのは参勤交代制があったからです」

などと私が説明しようと思っていたことを格調高い英語で傍らにいた両親や妹に説明していました。

浅草、上野、谷中、明治神宮など案内したのですが、一番気に入ったのが、上野の西郷隆盛の銅像でした。

「西郷さんは僕のヒーローです。でも彼は日本人に見えないですね。彫りが深くていい顔している。犬もかわいくて、ハチみたいだ」

リチャード・ギア主演の映画『ＨＡＣＨＩ　約束の犬』でハチは一躍有名になり、渋谷のハチ公の像は今やスクランブル通りとともに東京の観光名所になっています。

「鹿児島は日本でもっとも南に位置するから、たぶん西郷さんも東南アジアの血が入っていたかもしれません。あなたに少し似ていますよ」と言うと、とても嬉しそうに微笑んでいました。

『忠臣蔵』は何度も見ているから、四七人の赤穂浪士の眠る高輪にある墓も訪れてみたいと言っていました。

こんな話を終え、谷中から日暮里駅に着いたときに「ただ今東京駅で人身事故が発生しまし

た」というアナウンスに、

「日本人はまだ封建時代のように生きているのですね。電車に飛び込み自殺なんて悲しすぎる。まるで切腹、ハラキリだ！」と絶句した彼の表情は、いかにも英雄の死を惜しんでいるような悲しみにあふれていました。

映画『ラストサムライ』の原作――「高貴なる敗北」

『ラストサムライ』の原案はイギリス人の作家、アイヴァン・モリスの遺作となった『高貴なる敗北――日本史の悲劇の英雄たち』第九章の西郷隆盛が原案になっています。ハーバード大学で日本語学を習得したエドワード・ズウィック監督がモリスの著書に感銘して二〇〇三年に映画化し、世界中で大ヒットした作品です。脚本も手掛け西郷を勝元と名を変えたため、映画名で覚えている人も少なくないのです。

これもずいぶん前の話になりますが、七〇年代の初め、私はスチュワーデスとして週末に飛び、平日は大学に通っていた時期がありました。

当時コロンビア大学の日本文学教授だったアイヴァン・モリス氏が「日本語の助手を探して

いるそうだから、一度会ってみたらどうか」とアドバイザーだったベレディ教授から推薦され、日本文学研究所があるケントホールでお会いしました。しかし大学院の修士課程をスタートとしたばかりの私に、日本語の助手は時間的に拘束が大きく、勉強との両立は無理なこともあって断念することにしました。私の返事を聞いてうなずいたモリス氏は、口調を変えて、「それでは日本語の先生になってください」ということになり、毎週一回、モリス氏と日本語で会話を交わしていた時期がありました。

彼は東日本大震災の後、日本に永住されていたドナルド・キーン氏と交替で日本文学の講義をし、講義のない半年は執筆活動に充てていましたが、感心したのは、モリス氏の時間の使い方の見事さ。執筆は午前中に済ませて、昼食後は読書の時間、夕方からは社交の時間と、きちんと決めておられました。

アムネスティの米国の会長でもあった、当時のモリス氏の毎日は多忙を極めていて、ハドソン河を見下ろすリバーサイド・ドライブにあるモリス氏の広い居間はサロンのような雰囲気でした。インテリアになっていた見事な日本の屏風に目を奪われていたら、「中国公使だった祖父が日本で買った戦国時代の屏風です。私には家族がいませんので、将来は日本に返すつもりです」と話してくれたことが、屏風とともに鮮烈に記憶に残っています。

国連事務所長との不思議なご縁

二〇一五年の一二月、北朝鮮の拉致問題に関する国際シンポジウムに出席するため、ソウルの国連人権高等弁務官事務所から来日したポールセン事務所長の通訳をする機会がありました。ニューヨーク在住中はアムネスティ・インターナショナルに勤務されていたとのことでしたので、モリス氏の話になると、ポールセン女史と旧知の間柄のように会話が沸騰。世代を超えて愛される国際人はなかなかいないものなのです。たった一日のアテンドでしたが、共通の理解者を得て、何かとても感動し充実した一日となりました。

「彼は偉大な日本研究家でしたが、同時に人権問題に取り組み、アムネスティに献身的に生涯をかけた方でした。『高貴なる敗北』は絶対に読むつもりです」

「彼はニューヨークで出会った人で最も素晴らしい方でした。原爆投下後に広島を訪れた最初の外国人の一人だったそうです」

「本当に人道的な人でした。母親のエディタ・モリスはスウェーデン人で『ヒロシマの花』という本を執筆しました。モリス家は、広島に〝ヒロシマ・ハウス〟を設立しています」

平安時代の貴族文化の雅をこよなく愛していた氏の〝The World of the Shining Prince〟(『光

源氏の世界』）は一九六五年英国の文学賞ダフクーパー賞を受賞した作品ですが、今でも私の座右の書です。特に就寝前、その素晴らしく流麗な文体に目を通すだけで、何か気持ちが、安らぎます。文は人を表すといいますが、美しい文章は、読む人の心を豊かにし落ち着かせてくれるものなのでしょう。

浅草――個人的にも特別な町

浅草寺を中心に庶民の町として独特な雰囲気を持っている浅草は、東京観光のメッカ的な場所ですが、近くにスカイツリーができてから、その傾向は一段と強くなってきています。古くから浅草寺を中心として栄えてきたのですが、今や外国人観光客の間で圧倒的に支持され人気ナンバーワンの観光地となりました。

私にとっても浅草は特別な思い出のある街です。

アメリカから日本に帰国後の九〇年代の初め、仲見世商店街の老舗店の店主さんたち三〇数名に英会話を教えていた時期がありました。外国からの観光客が急増することを見込んで、台東区の商工会議所が主催したプログラムでしたが、たまたま英会話本を出版したばかりだった私に講師の依頼があったのです。

クラスがスタートしてみると、やる気満々の商店街の方々の熱意が伝わってきて、あっという間に二時間のクラスが終了。五〇～六〇歳前後の店主さんたちは、当時私が教えていた若者たちよりも速いスピードで、めきめき上達していきました。初級講座で英語は初めてという方も少なくなかったのですが、簡単な会話もすぐできるようになって講師冥利に尽きる、やりがいのある講座でした。

あのころ日中、英語を教えていた専門学校の生徒たちは私語が多く、あまり勉強に身が入らなかったのと対照的に、仕事をしてからのこの浅草の夜のクラスでは熱心で、毎回一言も聞き漏らすまいといった真剣な表情が印象的でした。

通訳案内士として観光客に日本のガイディングをしているとき、バス内で数十人の瞳がいっせいに輝いたり、うなずいたりしてくれるのを目の当たりにします。そんなとき、私は昔、商店街の店主さんたちから感じたあの同じ熱い視線を、外国人観光客から感じとっています。人のために必要とされる、役に立っているということを、直接肌で感じ取れる仕事はなかなかありません。コンピューター社会になり、ますます人間同士の触れ合いが希薄になってきている今の時代に、世界中のいろいろな国の人達と直接話しができて、とてもラッキーだと思っています。

研修会が終了後も仲見世の店主の方々との交流は続き、三社祭にご招待されたときは、まだ保育園児だった娘を連れて行きました。あれから数十年が経った今、以前懇意にしていたお店の方々が、次々に引退され世代交代しましたが、私にとってもこの街は何か郷愁を感じる、「今は昔」といった思い出がいっぱい詰まった街なのです。

ガイド就業以来、この七年間しばしば訪れるようになってから、昔なじみの人がほとんどいなくなってしまったのは寂しい限りですが、下町っ子の気っ風のよさと人情あふれる人々からは、いつも元気をもらっています。

浅草を案内するたびに驚くことは、外国人観光客が激増していること。実際、京都の清水寺と、ここ浅草寺は、団体バスのガイドにとって、たいへんな場所です。個人的にここを案内するときには、雷門からスタートのするのがベストだと思います。しかし観光バスで到着する団体観光客の場合には駐車の都合上、仁天門から入ることになります。この駐車場近くでドライバーと連絡するのが難しく、慣れないうちは結構苦労しました。

浅草のシンボル──再建したのは誰？

いつ訪れても雷門周辺は活気にあふれ、楽しいところです。日本観光の要ともいえるこの浅草寺の雷門。ここではまず、この雷門がパナソニックの創始者により再建されたことを伝えます。真っ赤な大提灯の下に松下電器の名が書いてあるので、それを指しながら説明すると観光客は興味を持ちます。続いてカメラメーカー「キャノン」が浅草観音に由来していることを伝えます。

雷門は何度も焼け落ちましたが、一九六〇年にパナソニック（松下電器）の創業者、松下幸之助によって再建されました。

「浅草寺に参拝してから膝の痛みが治ったので、雷門を再建するための寄付をされたのです」といった企業にまつわる逸話には熱心に耳を傾けてくれます。

浅草寺の総門である雷門の中央にある大提灯は観光客の記念撮影スポットになっているところですが、この向かいに浅草文化観光センターができてからは最上階である八階の展望テラスで遠望を楽しむことができるようになりました。

金の炎とスカイツリー

「ここではスカイツリーと〝金の炎〟と呼ばれるアサヒビールの金色のオブジェが目前に迫って見事です」

「仲見世通りは、雷門から浅草寺へ通じる商店街です。長さ二五〇メートルにわたって続く通りの両側には八九もの店舗があります」

仲見世では日本の土産品がほとんど手に入ります。このところの日本ブームで刀を見たいという人が増えています。仲見世のちょうど真ん中位に位置する大きな店に立ち寄ったとき、それまで元気だったオーストラリア人家族の五歳の男の子が、急に悲しげな表情になったので、理由を聞くと、

「大好きな忍者が持っていた刀があったから、僕も欲しいんだ」

ということなのです。刀はもちろんレプリカで品ぞろえが豊富ですが、忍者好きの人は素通りできないので後がたいへんです。男の子はどうしても、その場を立ち去ろうとしません。浅草寺に来たばかりでまだ参拝もしていないし何も見ていないし、どうしたらよいかと思っていたとき、名案が浮かびました。

「いい考えがあるわ。写真を撮っておいて、あとで、またこの店に戻ってくることにしましょ

う」

するとしげにうなだれていた顔をおこしてきて、目を輝かせました。「〝Pose like a Ninja〟（さあ、忍者のポーズをして）」と言うと、パッと表情が明るくなり、バッチリとポーズ。本当に決まっていました。

「〝Oh, my god！You look like a real Ninja.〟（まるで本当の忍者みたい！）」と言うと得意げな表情でまた違ったポーズも披露してくれました。あんなに欲しがっていた刀でしたが、幸いなことに子供は別の方向に目を向けさせると忘れるのが早く、浅草観光が終わるまで忍者の店に寄らなくても済みました。

仲見世を闊歩する氷の妖精

仲見世で外国人によく売れるのは、綿の浴衣や扇子、それに着物。この〝キモノ〟で思い出すのはロシア人のカップル。

金髪で青い目のモデルのような長身の若い女性と、気さくで誠実そうな小柄な中年男性。女性はヒョウ柄のミニスカートに金色のハイヒール姿。ニューオータニのロビーで待ち合わせたときから、二人はがぜん人目を引いていました。この日は午後二時から数時間のガイドを依頼

されていました。男性は大きなカメラを持参していて、女性は日本が初めてということでしたので、

「浅草に行く途中ですので、皇居前で写真を撮られたらいかがでしょう」

と勧めました。男性が持参していた大きなカメラで二重橋前で二人の写真を撮ると、男性は丁寧に何度もお礼を言いました。

写真を撮ってる間も、やはり二人は衆目の的でした。極端に背が高いうえに、もっとも高い金色のヒールの靴を履いた美女というだけではなく、手を膝の前で組む彼女の大胆なポーズが決まっていて、まるで氷の妖精が地上に現れたような不思議なムード。彼女の肩にも届かない小柄な連れの男性は彼女と対照的に低姿勢で、写真を撮ってもらうたびに、「重いカメラなのにすみません、ありがとう」を連発。

ガイドであれば客の写真を撮ることは当たり前のこと。それもリムジンを使い、午後からで行き先も浅草だけというのは、滅多にない安易な仕事なのです。この温厚な紳士は石油関係の仕事で何度も来日しているという日本通。

日本食の話になると、「モスクワでは日本料理店が増えて数百店以上もあるけど、日本人の寿司職人がいるのはたった三店舗だけです」と言っていました。

それまで静かだった金髪の美女は、浅草の仲見世に着いたとたんに、別人のように生き生き

として、ハイヒールで闊歩し始めました。着物店に入るとロシア語の語調が急変し、ほぼ興奮状態。何軒かの店で次から次へとシルクの着物を試着し、しかも帯までお揃いで選んでいきます。決断力も早く、試着するとすぐ〝これとこれ〟といった感じで何着もの着物を選ぶと、連れの男性が支払いを済ませるといった具合。買い物袋が増え続けていき、両手にいくつもの紙袋を持ち、肩にはあの望遠レンズのついた重いカメラを抱えているので「買い物袋、お持ちしましょうか」と尋ねている間に、女性はもう次の店に突進。足が長く歩くのも早いので、彼女の後を追いかけるのに一苦労。そのうちに足袋や下駄まで買いたいということになりました。あちこち探し回った結果、最後に彼女の足にフィットした大きな足袋、下駄、ぞうりがが見つかったとき初めて笑顔になり、氷の妖精が可愛い女性に変身したのでした。

Hello, good-bye？　誤解される招き猫

縁起物の置物としてお土産に買っていく人が増えている招き猫ですが、手招きしているようなこのジェスチャーは、海外では〝サヨナラ〟と手を振っている意味なのです。このほかにも国が変われば文化も変わるのは興味深いことです。

「猫は人と金運を招くとされています。それで、招き猫は片手をあげて人と金運をお迎えする

姿をしています。それは幸運をもたらすお守りのようなものなのです」

はるばる中近東から来たお客様がどうしても行きたいという店に行ってみると、そこは小さな店が軒を並べる仲見世で、そのなかでも小さなお土産店。日本旅行で浅草に来た友人が買ったという招き猫の写真を持っていて、「同じものを同じ店で買っていきたい」ということ。あいにく同じポーズのものは見つかりませんでした。招き猫も国際的になり口コミで広がっていて、今や日本のお土産品の中で観光客に人気沸騰中のようです。

宝蔵門を通ると左手に五重塔が、右手奥には仁天門が見えてきます。ここから正面の本堂にたどり着くまでの間は浅草寺の中で、おみくじや香炉の煙が見えてきてガイドの説明が必要とされるところです。

この周辺に来ると、かならずといっていいくらい聞かれるのが宝蔵門の裏側にある〝わらじ〟に関すること。この巨大なわらじはあまりにも大きすぎて、履物だと説明すると驚かれます。このようにわらじを履いた仁王様がこの寺を守っているということで、魔が去って行くことを祈願したものだといわれています。

「これらは仁王様が履いていた伝統的なわらじです。観音様の厄払いを祈願するために山形県村山市から寄贈されたものです。このような巨大なサンダルを履いていたということで仁王様の力を示し、厄を払ったのです」

わらじの大きさに驚き納得した後、観光客の興味の対象は、すぐ左手にそびえる五重塔に注がれます。夜、ライトアップしているときは特に目立って、また昼間と違った顔を見せてくれます。この五重塔の中に入れないことを伝えると、一瞬がっかりされますが、「五重塔の高さは五〇メートル以上もあり、境内でもっとも高い建物です。一般公開はされておりませんので中に入ることはできません。いちばん下の階から地、水、火、風、空を意味しています」

との説明で納得し、塔の前で写真を撮っていく方が多いです。

ありがたや仏様の息——本堂前の大香炉

本堂の前の大香炉は誰でも気になるところ。「人混みの中を悪いところに煙をかけると病が治る」といわれているので、いつも煙を被る人で賑わっています。

「この香炉の煙は仏様の息とみなされています。たくさんの人々が体の中に煙を吸収しようとしています。頭痛があれば手で頭の方向に向け煙を被れば、頭痛が治るでしょう」

初めのうちはこのような説明を聞いてくれるか心配だったのですが、ほとんどの人が、興味津々で率先してこのパーフォーマンスに参加してくれます。

「頭が良くなりますか?」

「元気になるのはどうしたらいいのですか?」

いろいろな質問が飛び交う、浅草観光のハイライトともいえるところでもあります。

一般非公開の秘仏――本堂の観音菩薩

わらじの説明を終えたら手水舎でお清めをし、本堂に向かいます。浅草が初めてという観光客は、おみくじに目がいきます。引き出し付きのおみくじは浅草でしか見られない、とても珍しいものです。

「いま私たちは観音菩薩が祀られる本堂にいます。七世紀に二人の漁夫が隅田川で観音像を釣り上げたことが始まりだといわれています」

「お坊さんは一日三回お経を詠みます」

東京で一日ガイドをすると、同じ日に明治神宮と浅草寺を案内することがよくあります、そんなときには日本の宗教に関して、前もって説明を加えておく必要があります。日本では古くからの生活体験から生まれ育った神道の他に、六世紀に中国・朝鮮を経て日本に伝えられた仏教。それに一六世紀に伝えられたキリスト教が三大宗教ですが、神道と仏教は混同している場合も多いので、まず日本人は宗教に寛容であるということも伝えておきます。

「日本では憲法で宗教の自由が保障されています。ですから日本には国教というものがありません。結婚式には神社に行き、お葬式には寺に行きますし、クリスマスには教会にも行きます」

何度も繰り返し説明してきた神道と仏教の違いを、一番納得してもらえるのが次のような説明をしたときです。簡潔に言えばお葬式は寺で、結婚式は神社で、ということになります。

「お寺は仏様を、神社は神道の神様をお祀りしているところです。多くの日本人は誕生、結婚は神道により、葬式は仏教の儀式により行います」

本堂境内で最後にすることは、おみくじを引くことでしょうか。

「おみくじは神社や仏閣などで吉凶を占うために引く〝くじ〟です。神社や仏教の寺で引く紙片に運勢の書かれたものです。おみくじを引くと、大吉、中吉、小吉、凶、大凶などの御籤が出てきます」

貴重な「大吉」――幸運なアメリカ人

浅草寺のおみくじは昔から凶が出る確率が多いことで知られています。ガイドとしてここに来るたび、特に個人的な案内をするときには、私も何度も引いていますが、本当に「吉」、特に「大吉」はなかなか出てきません。

六本木で通訳を終えた後、一時間ほど時間があったので浅草寺に。都内でここは、やはりナンバーワンの観光スポット。商談相手の日本人二人と米国人のE氏、それに私と四人でおみくじを引いてみました。その結果、初めておみくじを引いたE氏が「大吉」、あとは揃って「凶」でした。

「この寺ではよく凶がでるのです。もし凶を引いたら、境内の木の枝に結び付けるのですよ」とあらかじめ言っておいたのですが、なんと初めて引いたおみくじが「大吉」だったので大喜び。両側に印刷された日本語と英語の翻訳付きなのです。

「アメリカに帰ったらこれを額に入れて飾っておきたい」と彼は大はしゃぎ。傍らにいた私たちも嬉しくなりました。日本には何回か仕事で来ているのに時間がなくて、なかなか来れなかったという浅草寺でしたが、E氏は一度ですっかり気に入った様子でした。

「もっと早くずっと前にここへ来るべきだった。ここは日本で訪れた中で一番素晴らしいところだ」と繰り返していたのが印象的でした。個人差はあるでしょうが、ビジネスで来日する人は思ったより観光地をくまなく見ることは少ないのでしょう。

仲見世でのお土産にと、彼は商談相手の中年の男性から日本酒のギフトをプレゼントされました。夕暮れ時の境内はライトアップされエキゾチックな雰囲気で、人も少なかったので、かなりエンジョイできた様子でした。

接待の夕食に赤坂の〝ニンジャアカサカ〟に向けてクライアントの男性が運転するトヨタのレクサスに私も同乗することになりました。

忍者屋敷で繰り広げられるミステリアスな接待

忍者に迎えられ、真っ暗闇の道を通ってやっと個室に座り、忍者が差し出す巻物のメニューを見て食事や飲み物の注文を終え、ほっと一息ついたときのことです。接待主の社長が真剣な表情で、

「今度来日されたら日本の女性を紹介したいので、彼にどんなタイプがいいか聞いてください」と言ってきたのです。そのまま英語で通訳するのをためらっていたところ、E氏がが窮地を救ってくれました。

「前に来日した時も同じことを聞かれました。昔の日本ではその種のこともあったと聞きますが、今では珍しいですよね。あなたの知っている日本人で彼のような方はいますか」と聞かれ、

「いいえ、私の友人にはいません。本当にびっくりしました」

と答えました。そのあとの返しはこちら。

「社長は朴訥《ぼくとつ》な方なので、善意で私に紹介したいと思っているようですから、拒否せずにまた肯定もしないで、適当な言葉でよろしくお伝えください」

そんな会話をテーブル越しに英語で交わしている時、社長が横から日本語で、

「Eさんの奥さんは腕利きの弁護士だから、アメリカでは羽目を外せない。仕事のしすぎなので、日本に来た時ぐらいは僕が誰か〝いい人〟を紹介したいんですよ」

と真剣な面持ちで続けます。さっきまで、E氏のステイ先のパークハイアット東京の会議室でビジネス通訳だけをしていたのに、数時間後の急な話の展開には驚きました。秘書だと思っていた連れの女性は彼のガールフレンドだったらしく、前に一度来日したときも同じような会話が交わされたということ。アメリカ製品を日本に輸出している業者とバイヤー（買い手）である日本人。日本の製品をアメリカ人が買うというパターンが普通なのですが……。E氏は何度も日本人の社長に製品の使い方などの説明を繰り返していました。

「この暑さが続けば儲かっていいんだけどな。そしたら京都にご案内したい」

この素朴な単純さがバイヤーとして成功の秘訣だったのかとも思えました。知的レベルもまったく対照的な二人でも、お互いに笑顔を絶やさず好感を持っていることが通訳している間中伝わってきて、温かなムードがあふれていました。

忍者の真っ暗な暗室とこの不可思議な会話に戸惑った宴でしたが、私がビジネス通訳した中で、もっともリラックスできたケースでした。普通通訳する場合、日本人はある程度の英語の知識があるのですが、この社長はまったく英語ができないので、役に立てたという達成感と、二人ともお互いに非常に好感を持っていて、ビジネスパートナーとして信頼関係を築きあげていることが会話の端々に感じられ、温かな雰囲気が伝わってきました。通訳中何度も、「そのうちに英語で直接話したい」と繰り返す社長に、E氏は「そのうち日本語を勉強するつもり」などと話して盛り上がっていました。

欧米人は整列するのが苦手

一度、二台のバスを貸し切って、五〇数名の会社のアテンドをしたことがありました。ポーランドとルーマニアの人たちで社長がブルガリア人でした。ビジネス旅行の傍ら観光もという類のよくあるケースなのですが、全員が同じ会社の社員同士だったので、二台のバスを行ったり来たりして自由に席を変えるので、出発前の人数確認がたいへんでした。明治神宮からスタートしてお台場、築地、そしてその日の最後の目的地が浅草寺でした。

もう一人のガイドはこの道三〇数年という超ベテランガイドでしたが、仁天門の前で集合時間になると急に緊張した表情になり、「ここでは人数確認は絶対に慎重にしないと」と私にアドバイス。

「ほかの所と違って、二台のバスの間を行ったり来たりする時間はないの。バスに乗ったらすぐに出発しなくてはならないから、今ここで人数確認していきましょう」と続け、次の瞬間、「二列に並んでください（Please stand in line, two in a row）」と大声で両手を振りながら号令をかけ始めました。大勢の人が行き来するところです。小柄な女性が並み居る大男たちを見上げながら、「では出発します。二列に並んでください（Start from here, two in a row）」と号令をかけるように繰り返しました。

「これは絶対にうまくいかない。こんなところで号令をかけたら、彼らの感情を害するのでは」と私は内心不安でした。

スチュワーデス時代、空港に着陸するたびに、「飛行機が完全に止まるまで、そのままお席でお待ちください」と機内アナウンスをしても、座っているのは日本人だけ。欧米人は立ち上がるのが常でした。二〇年以上も海外で暮らしてきたので、欧米人はルールを守る日本人と違い、並ぶということを極端に嫌がる傾向があります。まして二列に整列するなんて。すべて自己責任という観点から、信号無視も当たりまえなので、車が走ってないのに信号を守っている日本人を不思議だという人もいるくらいです。

前もって相談されたていたなら、絶対に反対するつもりでしたが、この時、私は急病になったガイドの代わりで、「ベテランのガイドが一緒なので大丈夫」と旅行会社の担当から直前に引き受けた仕事でした。彼女は大声を張り上げて何度も繰り返したのですが、案の定、数えようとしても、始めの方だけ二列に並ぶのですが後半から列が崩れてしまい、最後の方はまったく列がなくなっていました。

「欧米人には行列は無理なのではないでしょうか。みんないやいや並んでいるようだから」という私の意見に賛同してくれ、人数の最終確認はできないままバスの方まで歩いていくことになりました。

人数の確認はグループ観光の際のガイドに課される仕事の一つですが、これが結構たいへんです。

僧侶と観光ガイドを掛け持ちする修行僧

その年の秋に、タイのバンコクで開催された元スチュワーデスの同窓会に出席した後、チェンマイに個人旅行しました。ネイティブ並みの流暢な英語でタイ王朝の歴史をわかりやすく説

明してくれた若いガイドが、どんな質問にも臨機応変に対応できるのに感心していると、

「僕は修行僧で、時々ガイドをしています（I am a priest and working as a guide sometimes）」

と言ったのには驚きました。一年のうち約半分ずつに分け、寺に入ったり、ツアーに出たりするのだということ。

（人生に迷いが生じたりしているときお寺に入れるなんてすばらしい。こんなシステムが日本にもあったら、自殺者数も減るのではないか）

と思いました。仏教国タイのバンコクの町を歩くとオレンジ色の袈裟をまとった、若い僧たちが托鉢している光景に出逢い、穏やかで平和な気持ちになります。

首長族の住む村を訪れていたとき、彼は数十人のグループを案内しているガイドと笑顔で会釈を交わしていました。タイの民族衣装をまとった美しい女性で同じ会社で働いているとのこと。

「僕も新人のころは団体を引率しましたが、ガイド歴三年目に入るので、今は個人のガイドしかしません」と毅然と言い切る彼に、「どうしてですか？」と尋ねると、

「バスは団体客がほとんどで、人数の確認がたいへんなのです」

「だからこそ経験の積んでいる人がバスを引率すべきではないでしょうか」と言ったら、「わ

が社では、新人がバスを担当しています」とかわされました。

「僧侶なのに好き嫌いを言ってもいいのですか？」

「いや僕は修行中なので、まだ僧侶になっていません。寺に入る人は多いのですから何の制約もありません」

観光バスのガイドをするたびに「人数の確認がたいへんだから」と繰り返していた、このタイの修行僧の顔が浮かんでくるのは不思議ですが、ガイドと僧侶というまったく異なった仕事を両立させていることに感動したからかもしれません。

仁天門に響き渡るイートン校のボーイソプラノ

バスのアテンドで忘れられないのは、イートンカレッジの少年たち。イギリスのイートン校の聖歌隊の少年たちは一番から三五番までそれぞれ自分の番号を持っていて、ボーイソプラノの美しい声で一人一人が自分の番号を順番に言って、あっという間に人数確認終了。買ったばかりのはちまきを頭に巻いた男の子もいて、彼らが仁天門前に集合し美声を響きわたらせていた姿は、かなり人目を引いていました。

美少年ぞろいな上に品行方正。ジェントルマンとしてのマナーがすでに身についていました。

バスの中で説明中もガイドの私の方に目を向け耳を傾けてくれました。明治神宮、江戸東京博物館、浅草など行く先々で日本の若い女の子たちのハートを捕えていました。バスから降りる時、女子高生が群がってきて「キャー、素敵！　どこの国から来ているんですか？」と聞かれたので「イギリスのイートン校からの聖歌隊の少年たちですよ」と私が答えている時も、彼女たちに笑顔で会釈するといった風に、サービス精神にもあふれていて好感度抜群でした。

また来日することがあったらぜひ再会して、彼らの成長を見てみたいと思います。すがすがしい思い出よ、いつまでも。

上野・谷中は文化遺産の宝庫

個人でガイディングしてもっとも喜ばれるところの一つが、上野周辺の地域です。桜のころはもとより一年を通して自然が豊かなこの地域は、上野恩賜公園を中心に自然と文化を最大限にエンジョイできる都内では稀有なところ。徳川家康をはじめ歴代の徳川家の将軍を祀る東照宮などの文化遺産があちこちに見られます。

ここに来ると思い出すのは、トルコ人の一家です。母親と息子、娘の三人家族でした。

二〇一四年の一月下旬、ホテルニューオータニから電話があり「明日イスタンブールに帰国する予定の家族で、浅草や皇居などを一通り回っているらしいのですが、帰国する前に買い物をしたいそうです」という客の依頼を伝える電話がコンシェルジュからありました。

翌日の九時にロビーで三人と待ち合わせました。彫りが深い美人の母親と、ハーバード大学の大学院ケネディスクールに留学中の二五歳の息子が、日本に留学中の二一歳の娘がホームステイしていた北海道で合流し、東京に戻った後の家族旅行ということでした。会ったとたんに長年の知己のような雰囲気になり、とても話しやすく、いい感じのファミリーでした。

トルコ人は世界中で最も親日的といわれていますが、この一家の特に息子の親日ぶりはとても信じられないほど。これからどこに案内しようかと思っていると、まず「キモノを買いたい」というので、表参道にあるオリエンタルバザーへ。息子が「これもあれも気に入った。全部着てみたい」と言い出し、何かにつかれたように夢中で、次々と試着し始めました。

この店のキモノ売場の女性は経験豊かなかなりご高齢な女性で、辛辣に物を言う江戸っ子のおかみさん風。

「なんでこの男の子はいくつも着物を欲しがるの。女性が全然買わないのにひとりで店の着物を全部欲しがって、不思議な子だね」

着物を着せるたびに息子は、「これは本物のシルクですよね？　これよりも少し地味で渋いキモノを着てみたい」とか、「紺のキモノにこの帯はどう？」などと、かなり細かく注文を付けるので、店員もさじを投げた感じ。

一時間以上もかけて結局、紺色系とグレー系の着物と、それぞれに合わせて羽織や帯などの小物も購入し、着物は四着もゲット。「そんなに何着も着られるのですか？」と尋ねると、「家でパーティーの時に着るつもり」ということ。

キモノを着こなし大統領へ――トルコの政治事情

「僕はね、将来トルコの大統領になるんだ。ハーバードを出たら国に帰って、政界にデビューする予定なので、キモノを着て客をもてなすことが必要不可欠なのさ」

一階と二階の着物売場を行ったり来たりして歩いているとき、不審げな表情をしていた私に説明してくれました。

今までどこの国に行っても、一国の元首になりたいという若者には出会ったことがありませんでした。それも堂々と公言しているのです。よく見ると彼の横顔には、きりっと決意のほどがうかがえます。小柄でもなかなか品格があって、どちらかというと日本的な風貌なので、試着した着物がよく似合っていました。そういえば、彼が学んでいるハーバード大学の大学院ケネディスクールの卒業生の中には、カナダやメキシコの大統領をはじめ、世界的に知られている政治家が数多くいます。

「どうして日本の着物を着ると有利なのですか?」

との問いに、彼はすかさず答えました。

「トルコ人は昔からみんな日本のものが大好きなのですよ。だからみんなを呼んでパーティーをするときにキモノを着るとイメージアップにつながります。政治活動にヘルプするってわけです」

交通渋滞の原因となった大島紬

ふと半世紀も前の出来事が走馬灯のように浮かんできました。

スチュワーデスになって二年後、母と姉の三人で世界一周旅行の途中に立ち寄ったトルコの首都、イスタンブールでの出来事。当時五〇代の初めだった母の和服姿が人気を呼んで、どこを歩いても人だかり。派手な友禅などではなく、紺色の大島紬なのに、「ゲイシャ! 芸者!」と大騒ぎ。歩行中だけでなく車で移動中も、あちこちからほかの車がストップしては、握手を求められ、渋滞になってたいへんだったことを思い出しました。

「あのころからキモノは人気があったのですね」と言うと、隣で兄の着物を選んでいた妹が、「今の方がずっと人気があると思うわ。私も振り袖姿で写真を撮ったのよ」と、携帯を取り出して写真を見せてくれました。

「では、あなたのキモノ作戦は成功するかもしれませんね」と言うと、

「もちろん！　だから時間をかけて一番似合う着物を物色したんですよ。本当によいところに連れてきてくれてありがとう」とニッコリ。

「浅草の仲見世よりもずっといいものを選べた。本当によいところに連れてきてくれてありがとう」とまたニッコリ。

この後、東京の古い街並みを見たいとのリクエストで、上野の東照宮へ向かいました。

「上野東照宮は徳川幕府の最初の将軍家家康をお祀りする神社です。家康が葬られている日光の東照宮に類似しています。門の左側にあるランタンは日本でもっとも大きなものの一つです」

「本堂の金箔で装飾された社殿は金色堂と呼ばれていて、唐門とともに国の重要文化財に指定されています」

上野観光の穴場――東照宮のぼたん苑

日光の東照宮に行くたび、入場するのに行列になって並ぶことを考えれば、近くて便利な上野です。こんな簡単な説明をして金色殿の中に入ったとたん、まばゆいばかりの黄金に輝く社殿。ここは都心にあるとは思えないほどまるで別天地のような静寂さ。続いて敷地内のぼたん苑へ。藁で囲まれたぼたんが冬の太陽に輝き、艶やかに咲き誇っています。広々とした苑内の右手には寛永寺の五重塔が見えてきて、静寂な雰囲気の中にまさにこの冬の名花はぴったり。とても静かで穏やかな雰囲気なので身体や心まで清められそう。晴れわたった青空のもと、時間が止まったようなひとときでした。

四枚も着物をゲットし、上機嫌になったのか、しきりに「タカハーシ」を連発。留学中のハーバード大のクラスメートに何人か「タカハシ」という名の人がいるというので、

「高橋という名は日本では佐藤、鈴木についで三番目に多い苗字ですよ」と説明すると、

「とっても発音しやすいから、名前が好き」

と言ってまた、「タカハーシ」を連発されながら苑内を歩いていると、英語が堪能な初老の日本人男性が話しかけてきました。その男性がトルコにもいたと知るとすぐに仲良くなって話しこんでいます。

「トルコにもぼたんがあるけど、ここのぼたんは違う。手入れがとてもよく行き届いている」

日本の男性が私に向かって、「ガイドさんですか？　とてもいい青年ですね。僕もトルコに住んでいたことがありますが、本当に親日国なのですよ」

「先ほどオリエンタルバザーでキモノをたくさん買われて、お国に帰ったらパーティーで着ると人気が出るそうですよ」

「そうでしょうね、昔から日本のものは人気がありましたから」

まさか大統領に立候補するためとは言えませんでした。彼が立ち去るとさっそく、

「ねえ、ボクのこと話していたでしょ？　なんて言っていたの？」

「キモノが似合いそうだって言っていましたよ」

と伝えると、いかにも嬉しそうにビッグスマイル。高校時代からアメリカで生活しているので歯並びを矯正しているのか、ハリウッドスターのようにも見えます。

彼のそばで、いつも兄の話を笑顔で聞いている妹に、

「お兄さんは将来お国の大統領になるそうですね」

「ちょっとテンションが高いけど、社交的で人に好かれる性格だから政治家は向いていると思う」

妹のコメントは素晴しいと思いました。

東照宮の他にも弁天堂、清水観音堂、など上野周辺には見どころがたくさんありますが、彼らが一番気に入ったのが花園稲荷神社でした。いくつも続く赤い鳥居で何度も記念写真を撮っていました。五穀豊穣の稲荷ですが、伏見稲荷大社に似ているので、一瞬、京都にいるような感じになってしまう、パワースポット的でおすすめのところです。上野界隈を堪能した後タクシーで谷中へ。

日本でハミングする〝アリラーン〟

ヒマラヤスギのあたりを歩いているとき、突然、「アリラーン、アリラーン……」と歌いだしました。日本の歌と混同しているのかと思ったところ、「これは韓国の歌ですよね、ボクはこの響きが大好きで、よくハミングするんだ」と言う。

傍らで微笑んでいる母親に、「自慢の息子さんですよね」と言うと彼女は首を縦に振り、大きくうなずきました。

「近い将来、あなたの息子さんはトルコの元首になっているかもしれませんね」

ハンサムで社交家、明るくて利発。茶目っ気があり、確かにこんなにかわいい息子はなかなかいないかもしれません。

谷中銀座にでると、彼はまたしきりに感心して、「浅草の仲見世より、ここの方がずっと自然で僕は好きだな。こんな素晴らしいとこに連れてきてくれて、本当に〝タカハーシ〟には感謝している」と、またうれしいことを言ってくれます。

谷中で感じた〝おしん〟の世界

「ここには昔の日本人の暮らしが感じられる。いい感じだ。そうだ！　まるで〝おしん〟の世界だ。僕はここに日本の経済成長の原点を見た感じがする」

「私も昔はこんな家に住んでいたことがありますよ。今回の地震津波で被害のあった東北地方で育ったので、学校に行くときは雪の中をぞうりで通ったの。雪用の靴がなかったから」

「僕はますます日本が好きになったよ。こんなに経済成長を遂げても、まだこんな小さな家で、みな助け合って生きている……。平和そのものだからねぇ」

「谷中地区には六〇以上の寺院があります。ほとんどの寺は一七世紀の大火で東京の町の大半が焼け落ちた後にこの地に移されました。人口数千人にも満たないこの小さな町は一九二三年の関東大地震や一九四五年の戦禍からも逃れ、昔の東京のままの姿を残しています」と言うと、

「こんなよいところに連れてきてくれてありがとう」とまた感謝の言葉。

私の説明に大いにうなずき、大きな瞳を瞬かせながら、裏道を覗いたり、横町を入ったりと、彼は政治家になったつもりなのか、あたかも自分が古い江戸の町を取材しているといった感じで谷中銀座の周辺をあちこち歩いたりして、その場を離れようとしません。

かなり寒くなったので近くのコーヒーショップに入りました。世界中のコーヒーが注文できるというクラシックな外観。写真を撮ろうとすると、ワンマン風な店主が厳しくマッタをかけました。断られても悪びれることはなく、

「二種類のコーヒーを注文しよう。分け合って飲めるように」

コナコーヒーとモカコーヒーを注文した兄と妹は、一杯ずつ飲みながらお互いに何度かカップを交換して味わっていました。

恋人のような雰囲気を醸し出す美男美女の兄妹

驚いたのは彼ら二人の親密度。妹の肩越しから手を回し、まるで恋人同士のように、お互いを見つめあっています。彫りの深い顔立ちの美男美女なので、映画のラブシーンのような雰囲気を醸し出しているのです。そこに母親がいなければ、新婚旅行のカップルと見間違えてしまっ

たでしょう。

「ずいぶん仲がいいんですね」と言うと、「妹なしには生きていけないよ」という兄の爆弾発言。

「彼女にボーイフレンドができて結婚したらどうするの?」とうっかり発してしまった私の配慮に欠いた質問に、「今はそんなことはとても考えられないんだ」と、とたんに沈みこんでしまいました。

「妹が生まれたとき、彼は四歳でした。アメリカに留学するまでいつも一緒だったのです。ですからこんな時間は二人にはとても貴重なのですよ」と母親が説明してくれました。

ショートカットで清潔感の漂う妹は、数年前に日本に留学していたので、ホームステイ先の北海道の家族の家に三人で行ってきたばかりだったということ。

「レストランの店頭に展示してある食べ物のサンプルを買いたい。日本語のサンプルという言葉は英語にもなっています。日本のプラスティックの模型は凄く良くできていて、芸術のようです」

という彼らのために、かっぱ橋に向かいました。フルーツバスケットに入れて飾っておきたいのだそうです。飲食店の店頭に陳列されている料理の模型は、日本国外でも広まっているので、日本の食品サンプルは人気のアイテムですが、寿司やラーメンなどのサンプルなどは買っても、フルーツ全部を買ってバスケットに入れるという具体的なプランを持った人は初めて。「バナナやリンゴ、ミカンもほしいけど、ずいぶん高いな！　少しおまけしてもらって」と言う彼。

「日本ではどこでも定価なのですよ」と答えると、「何点も買って応接間に飾り、パーティーの時に来客をもてなすのでたくさん買いたい。トルコならたくさん買うとかならずおまけするけど」と言って傍らにいる母親に、こうです。

「このサンプルは本当によくできているから、いろんな果物を買いたい。ねえ、どう並べたらいいと思う？　バスケットの中に入れたつもりで考えてみて」

パーティーをするにもかならず母親の助けが必要。大統領選がすでに始まったかのように、彼は真剣な表情で、まくしたてています。結局五万円ほどサンプルの買い物をして、また〝これだけ買ってもおまけがないの〟ってレジの女性にぼやいていましたが、笑顔で明るく茶目っ気があり、あっさりと言うので、嫌みがありません。

外国人に人気のこの食べ物のサンプルですが、寿司のサンプルなどは買っても、フルーツ全部を買ってバスケットに入れるというのはおもしろい発案で、これほど具体的なプランを持った人たちはいませんでした。

「帰ったらすぐ玄関先にこの果物をバスケットに入れ、キモノ・パーティーをする予定です」

と今から、実に楽しみな様子の一家。最後の晩餐は日本人家族から招待を受けているということ。

「トルコでは日本が好きな人が多いので、キモノ・パーティーに呼ばれた人はみんな喜ぶことは確かだよ」

日露戦争で日本がロシアに勝った以前にも、オスマントルコの船が和歌山県の串本沖で座礁したとき、日本人の救助で生還。その時の住民の献身的な救護活動は今でもトルコでは語り継がれているのだそうです。最近では合作映画も上映されています。

たった一日、九時から午後五時までのガイドだったのに、こんなにもたくさんの余韻を残してくれた彼らに感謝。あれから五年経ち、世界中、特に中東情勢が緊迫している昨今、イスタンブールの自宅でのホームパーティーで、着物を着るチャンスがあってほしいと願わずにはいられません。

まさにホットスポット！　世界一の魚市場・築地

日本食が二〇一三年一二月にユネスコの世界無形遺産に登録されて以来、築地の人気はうなぎのぼり。個人でも団体ビジネスでも今や日本の食が詰まっている、最もホットなスポットなのです。

時差があり、早朝に目が覚めてしまう観光客には特に人気があるのはマグロの競り市。朝早く起きるのが苦手な人でも、一度は見る価値があると思います。実際、世界広し、といえどもこの規模のマーケットはどこにもありません。外国人がネットでこのマグロの競りの感動を書き込みしているので、自然に広がっていったようなのです。

マグロの競りが午前五時三〇分に始まり、七時に終わります。時差で早く目が覚めることを想定していても、やはり早朝に起きて決行するということはなかなか難しいことなのです。

「なんとしてもマグロの競りに連れて行きたかったんですが、ぐっすり眠っている娘を起こせなかった」と残念がっていたビジネスマンもいました。

マグロの競りは世界一エキサイティング！　極上のエンターティンメント

世界中の海からとれた生マグロ、早朝五時半の合図の鐘がなると同時に競りが開始。競り独特の早口で喋り、指サインで価格を伝え、もっとも高値を付けた業者によって競り落とされるという、あの混沌としたように見えて毅然とした活気に満ちた緊張感は半端ではありません。

初来日の娘を「マグロの競りに連れて行きたかった」という父親の気持ちが痛いほどよくわか

ります。

私がサンフランシスコに住んでいたころですから、もう数十年前、映画の撮影中だったスピルバーグが寿司を砂漠地帯のロケ地まで空輸したことを思い出しました。この宅配ランチは当時かなりの評判となって〝the most expensive lunch〟《最も高価な昼食！》などのタイトルで新聞や雑誌でも取り上げられました。

確かに寿司のおいしさは他の料理と異なる面を持っており、群を抜いていて、一度味を覚えたら病みつきになって、ほかのものでは満足できないということなのかもしれません。ハリウッドのセレブに限らず、世界的に和食がますますブームになってきているようなのです。

「地球に食料を、生命にエネルギーを」がテーマの万博が二〇一五年五月から半年間にわたって開催されたミラノ国際博覧会でも和食の日本館の人気はダントツでした。

日本館には日本の四季をめぐる多様な日本の食文化をテーマにした「日本食は世界をつなぐ」展示が人気で、長い行列ができ、一四〇を超える開催国中で、入場者数世界一の栄冠に輝いたという記事に驚きました。というのは、イタリア人は世界中でもっとも行列が嫌いな国民なのです。

イタリアが大好きで現役で飛んでいたころを入れると、おそらく今まで北はミラノ、トリノから南はシチリアまで一〇〇回くらい訪れていた国。彼らはどんなに気に入ったレストランでも、けっして並んで待つということはしなかったのを記憶しています。ですから、日本館に入場するため何時間も待ったということが意外で、とても信じられなかったのです。

私がガイドの仕事をするきっかけとなったのは、二〇一一年の春、チンクエ・テッレを旅行中の出来事でした。イタリア文化会館のベテラン女性講師が授業中に「イタリアでもっとも美しく食事もおいしいところは、チンクエ・テッレです。特にシーフードは最高！」と断定されたのです。少しイタリア語ができるようになったころで、せっかちな私はさっそく旅程を組みました。その直前に東日本大地震が勃発。度重なる余震に疲れも感じていたので、夫に勧められ予定通り、四月下旬イタリアへ飛び立ちました。

トリノからチンクエ・テッレに入ったとたん、あっちこっちで声をかけられ、話しかけられたのは、「ツナーミ！」「フクシーマ！」という言葉。島から島へ移動中の駅や電車の中で、また、ホテルのロビーやレストランで繰り返されるこの二語がオペラのように響き合い、そのうちに非難され罵倒されているようにも感じられたのです。

駅のホームで出会った中国人の学生たちからも、「日本は大丈夫なの？」「日本から逃げてきたの？」などと英語で聞かれたりしました。ボストンに住む姪たち二人から「日本は放射能で汚染されていて、もう住めない国になっている」と伝えられているという情報もあったくらい、あのころのニュースは海外では日本以上に悲観的に報道されていました。

観光客が激減しているときに、「自分の言葉で日本のことを伝えたい」と思い、始めたのがこのガイドの仕事でした。観光客に人気の築地ですが、私たちガイドが案内するのは、ほとんどは場外市場で、お目当ては寿司を試食することです。団体の観光客は大型バスで到着し、場外市場を見学後、すしざんまいといった大型店で、寿司のセットコースを試食するといったパックツアーが主流となっているようです。

すしざんまいといえば全国に五〇店舗以上ある寿司のチェーン店ですが、毎年マグロを初競りで最高額で落札している喜代村で知られています。

「この会社の社長はこの築地の魚市場の初競りで、ここ数年間毎年最高額で落札しています。青森県産のマグロが一匹一億五千万円以上で落札されたこともあります」と聞きました。

築地を訪れるほとんどの観光客は、場外市場を見学することになります。野菜や果物、加工食品などの店が軒を連ねていますが、ここで乾燥食品を買っていく人が少なくなくありません。〝ノリ〟や〝お茶〟はもちろんのこと、最近では〝ふ〟が人気。グループで場外市場を見学中に、ブルガリア人の女性から、

「〝ふ〟を探しています。パンのように見える乾燥した小麦粉のグルテンです」と言われても、一瞬ピンとこなかったことがありました。

〝ふ〟はグルテンを含む良質のたんぱく質で、最近では女性に人気の健康食としてヨーロッパで女性の人気が高いそうです。軽くて持って帰れるからと、ずいぶんたくさん買っていました。日本食がダイエットにも健康にもよいということで、ますます日本食、特に寿司の人気が高まっています。

一昔前まで生ものは口にしなかった中国人ですが、今は築地の常連様になっている感じ。水質がよくない中国では、昔から生水は飲まず、食べ物はすべて火を通してから食べる習慣があったため、よほど日本通でない限り、刺身などの生モノは食べなかったということですが、今はそれも急変していて、かなり多くの中国人も見かけます。

寿司に関する思い出はつきません。その中でも特に強烈だったのがニューヨークの寿司レストランでの一件です。

ハワイのホノルルからニューヨークへ移り住んだばかりのころのこと。マンハッタンのアパートの隣に住んでいた韓国人の若いカップルの金夫妻は、独り住まいの私を、よく夕食に招いてはごちそうしてくれたものです。金夫人は、韓国の名門といわれる梨花《イファ》女子大学校を卒業した才媛。卒業後まもなく、エリートビジネスマンの金氏と結婚。その後、ニューヨーク勤務となった金氏について渡米し、新婚生活をマンハッタンの摩天楼の一室で送ることになったのでした。

在米韓国人の知人も数多く、彼らに同行すると、何人かの韓国人やアメリカ人が加わり、十数人の大集団になるという賑やかなもの。そのときは日本食のレストランだったので、同席していたアメリカ女性が日本ビイキの人で、彼女が何かのはずみで、

「日本の文化のよさは認めますが、でも私は、どうも美術や工芸など、韓国のものにはあまりピンとこないんですよ」

などと口を滑らしてしまいました。すると、それまで静かだった韓国人の中年の男性が、

「日本の文化はすべて、韓国から伝わってきたのを、あなたは知らないんですか」

と、大声を張り上げ、わめいたのです。当の女性はあっけにとられた様子で、ただポカンとするばかり。同席している中でただ一人の日本人だった私は、居心地の悪さを覚えて、トイレに行くふりを装い、席を外しました。

率直に自分の意見を述べる習慣のある欧米人の間では、この種の会話はよく交わされることです。別に騒ぎたてることはないはず。けれども、日韓併合という名のもとに、三六年間日本の支配下に置かれたことのある、屈辱的な歴史を持つ人々にとっては、必要以上にセンシティ

ブになってしまうのも仕方がないことかもしれません。この文化に関する論議があまりにも強烈だったためでしょうか、あのときの二人の表情や声のトーンなどが、今になっても鮮明に脳裏に浮かび上がってくるのですから、本当に不思議なことです。

寿司が火付け役となった世界の和食ブーム

当時から米国の大都市では寿司バーがたくさんありました。一九七〇年代、私が住んでいたころのニューヨークでは、日本食のレストランはマンハッタンだけで二〇〇店以上もありました。今ではその数、何と一万店ともいわれるくらいの空前の寿司ブーム。中国や韓国系の店でも寿司メニューを出しているので、正確な数を把握するのは難しいのです。実に驚くほどの数です。ローカロリーで健康ブームの火付け役になった寿司は、八〇年代ごろから各航空会社でも、オードブルとして出されることが多くなりました。

もともと人種のるつぼ的なマンハッタン島は世界のグルメの発祥地。ボストン沖で捕れる魚は新鮮でおいしく、フルトンの魚市場に行くと、イキのいいトロをびっくりするほど安い値段で売っていました。寿司パーティーといって巻きずしを作って出すと喜ばれたものです。

寿司バーでアボカドを入れて巻いた物ができてきて、今は世界中で人気の巻き寿司となっています。

家康の貨幣鋳造所からエレガントな街へ――銀座

徳川幕府が誕生した一七世紀の初め、徳川家康によって銀貨を鋳造する場所として銀座が誕生して以来四世紀。銀座は日本でもっとも古く、かつ高級感のあるショッピング街として賑わっています。

「銀座は一六世紀に埋め立て地に作られました。一六一二年に徳川幕府によって建てられた銀貨の鋳造所の場所が銀座だったことに由来します」

明治維新以来西洋のファッションと文化の中心となり、今に至っていますが、皇居、歌舞伎座、築地市場などが至近距離であるためか、東京観光をする外国人観光客のほとんどが銀座に行きます。そして、誰もが口々に、

「なんてエレガントな街並みなの！」

「ごみがどこにも、全然ない」

などとその優雅で上品、さらに清潔さに感嘆の声をあげます。

団体のバスツアーなどで街を三〇分くらい見るだけという場合など、

「こんな素敵な街だから、もっと時間を取ってほしかった」

と言われたことも。


先日東京の見本市に社長の秘書として来日したフィリピン人の若い女性は銀座に魅せられ、日本にいる間、五日間というもの毎日、銀座を訪れていました。特にお気に入りだったのは、ヴァンパイアカフェ。ドラキュラ伯爵の館をテーマにしたカフェで、銀座の中心部に位置するので、ネットで知られ海外からの訪問客も多くなっているようなのです。

「静かな雰囲気で食事ができて最高だった。ロボットレストランよりずっと良かった」

新宿の歌舞伎町にあるロボットレストランには、前日社長を伴い、三人分の席をやっと確保していったのですが、混雑していて本当にあわただしかったです。

おしゃれな彼女は毎日洋服に合わせてブランドのバッグを変えてきて、メークもバッチリ。もともと大きな目が映えて、笑顔がとてもチャーミング。そんな彼女がスマホで撮った、渋谷のハチ公やスクランブル広場の写真を見せられたときには仰天。グラビアの女優のように、決めポーズでたくさん撮っていたのです。

「犬の銅像の前でどうやってこんなにたくさんの写真撮れたのか不思議。いつもすごく混んでいるところなのに」と私が言うと、彼女はこう答えました。

「私がハチとポーズしている間、日本人は待ってくれたわ。リチャード・ギア主演の映画見て、泣いたわ。あの映画見て泣かなかったの？」

もともとフィリピンは女権の国。若くて美しい彼女は、グループの中で最年少。奔放な彼女に社長をはじめ、ほかの男性たちも振り回されているところがありました。そんな無邪気で可愛いところがますます魅力になっていたのか、団体客の一人だったのですが、印象的で忘れられない女性の一人です。ツアー最終日、成田へ向かうバスの中で数日間滞在した東京での後ろ髪を引かれる気持ち、特に銀座への思い入れを語っていました。

「買い物は、銀座が一番好き。新宿も原宿も混んでいたから。次に日本に来るときは銀座周辺のホテルに泊まりたい」と。

第二章

鎌倉

鎌倉で最古とされる甘縄神明神社の前でサウジアラビア人家族と

武士道は鎌倉時代にはじまった

日本で初めて武士が誕生した鎌倉。侍、刀、禅など世界的な日本ブームの源になっているものは鎌倉時代にはじまりました。東京や新宿からわずか一時間足らずで行けるという地の利のよさも手伝って、一年中内外の観光客でにぎわっています。

侍は今や〝ＳＡＭＵＲＡＩ〟、という世界語で訪日観光客の誰もが口にする言葉。

「鎌倉は一二世紀に最初に武家の政権が確立された場所です。この政権のトップに立つ者が朝廷によって将軍に任命されました。この軍事的エリート集団は侍、または武士と呼ばれ、一二世紀から一九世紀までの日本を統治しました。一三世紀末に日本に元寇襲来がありましたが、モンゴルの軍隊は神風と呼ばれる大きな嵐のお蔭で敗退しました」と〝サムライ〟同様、世界語になっている〝カミカゼ〟の話をしておきます。

外国人観光客の一番のお目当て―グレートブッダ

一九五六年度の作品賞をはじめ数々のアカデミー賞を受賞した、『八十日間世界一周（Around the World in 八〇 Days）』で高徳院の大仏が紹介されてから半世紀余り。今や富士山とともに日本の象徴的存在になっているのが、鎌倉の大仏様。Great Buddha を世界的にしたこの映画は、空の旅がまだ珍しかった時代、プロデューサーのマイク・トッドが資金を集めながら撮影に踏み切ったという話題作です。ハリウッド映画とはいえ、世界各国の多彩な風景をカラーで楽しめるという、当時としては画期的な観光映画で大ヒットした作品でした。

あの映画の中でもっとも印象的だったのは、ワイドスクリーンに映し出された長谷の大仏。空腹に耐えきれなくなった執事が、食べたかった大仏様のお供えのリンゴに仏様の威光を感じて盗めずにあきらめていたときに、すれちがった若い女性からリンゴを分けてもらいます。大仏様の慈悲と感じた執事は、大仏様を振り返り、周りにいる着物姿の日本人のようにお辞儀をして感謝の意を示すというシーンは、コミカルで微笑ましく、この映画のハイライトのひとつとなっていて、多くの人々の記憶にいつまでも刻まれているようなのです。

青空に映えた大仏様は背景の山の緑ともよくマッチしていて雄大で美しく、クローズアップでも何度か登場します。

あのシーンを見ると、与謝野晶子が詠んだ「かまくらや　みほとけなれど　釈迦牟尼は　美男におはす　夏木立かな」という歌が思い起こされます。大仏様の「微笑んでいるような顔が優しくていい」と言われることが多いですが、そんなときには、

Even though Shakamuni is a Buddha, he is a beautiful man.

と英訳して伝えてから、大仏様のすぐ裏側にある歌碑に案内すると、「なるほど」と納得されます。高徳院は鎌倉の寺の中でも、もっとも境内がこじんまりしていて、歩行距離が少ないので、いつ訪れてもほっと一息つけるところでもあります。

野ざらしの大仏様

光の加減なのか大仏様を背景にした写真は、いつもよく撮れています。映画の撮影もしやすかったのか、大仏様の端正な顔立ちのクローズアップも含め、素晴らしい映像美に仕上がっています。主演のデヴィッド・ニーヴンの出演料が高かったため、実際日本やインドなど海外ロケに参加し世界一周したのが執事役のカンティンフラス。メキシコを代表する喜劇役者ですが、執事の出番が主役以上に多く存在感がありました。

ヴィクター・ヤングによるこの映画の主題テーマ曲は、世界一の長寿番組となったＴＢＳ『兼高かおる世界の旅』のテーマ曲（オーケストラ曲にアレンジ）にもなっていましたが、格調高く優雅なこの曲は今でもよく旅番組などで流れています。皮肉にも二三作目でやっと手にしたアカデミー賞作曲賞の授賞式直前に亡くなり、その後プロデューサーのマイク・トッドが飛行機事故で亡くなるという、当時何かと話題になった作品です。

ロスに住む義妹が三九年前に初来日した折に、

「一番先に行きたいのは映画で見た大仏があるところよ」

と言うので、皇居や浅草より先に案内したのが、この鎌倉の大仏様でした。彼女に限らず映画で見て感動したので、ぜひ行ってみたかったという観光客が今でも結構多いのです。

「一三世紀に完成したお堂は、一五世紀の津波で流されてしまいました。ですから大仏様は野ざらしの大仏と呼ばれています」

初めは木造だった大仏様は台風や地震による被害でブロンズに再建されたのですが、一番重要なことはお堂（大仏殿）が津波で流されたため、ずっと野ざらしになっているということです。

一九二三年の関東大震災には台座が崩れ、仏像は前に傾いたが倒れなかったということ。その後、耐震構造を改め、六〇年代初めの大修理で、日本の文化財として初めて免震構造が施されました。

木立に囲まれた仁王門を入るとすぐ、眼前に見えてくる大仏様は圧巻です。先日案内したアメリカ人の女性の第一声が、「映画で見たのとまったく同じ“It's just like what I saw in the movie.”」だったのですが、彼女とまったく同じことを前述した義理の妹が大仏の前で言っていたのを思い出しました。二人とも六〇歳前後ですが、四〇年の時を経て同じことを聞いたのには驚きました。いかに映画が影響力を持っているかということを改めて実感しています。

ここで一番よく聞かれるのが、大仏様の髪の毛のカールのこと。どうしてカーリーヘアーか、いくつカールがあるか、といったことです。

全部で六五六のカールがあります。カーリーヘアーは大仏様の特徴といわれています。額の上の大きな白いカールは知恵を意味し、瞑想をしながら慈悲の光を出し、水かきのついた手ですべてのものを救っています。

鎌倉の極楽浄土―長谷寺

大仏様を見学した後は、かならずといって訪れるのは長谷寺。四季折々の花が咲くこの寺は鎌倉の極楽浄土ともいわれています。四季折々の花々や木々の美しさは格別で、一年中多くの人々が訪れますが、二〇〇〇株のアジサイが咲く梅雨には特に混雑します。

「伝説によると七二一年、信仰心の厚い僧侶、徳道は奈良の長谷寺のそばの山村で大きなクスノキを見つけました。木の幹はとても大きく、十一面観音を二体彫るのに十分な大きさでした。幹の上部から彫られた像は、現在の大阪の近くの海に、人々を助けるための祈りを込めて流されたといわれています。一五年後、鎌倉に近い長井海岸に流されてきました。七三六年に長谷寺は観音をお祀りするために創建されました」

「一四世紀に将軍足利尊氏の要望で金箔が貼りつけられ、その後、京都に金閣寺を創建した将軍足利義満の要望で光輪が付け加えられました。観音様は光り輝いています」

と、説明します。

神仏分離を説明するにはずっとお寺だった?!　鶴岡八幡宮がわかりやすい

鎌倉駅から歩道の広い若宮大路を歩いていくと、すぐに鶴岡八幡宮が見えてきます。頼朝が一一八〇年創建した鎌倉時代の代表的建造物であり、鎌倉でもっとも見どころが多いところでもあります。

鎌倉を一日観光の場合は、最後に案内することが多いです。初めからここに来ると疲れてしまうので、東京に戻る直前、帰りの電車の時刻などを見ながら、余裕があれば小町通りなどにお連れします。

鶴岡八幡宮は、現在は神道の神社です。しかし一八六八年の神仏分離令が発布されるまでの約七〇〇年間、鶴岡八幡宮寺と呼ばれ仏教の寺であったことを説明します。

「明治維新後に神道と仏教が分離され、新政府は神道を国家の宗教としました」

外国人観光客にかならず聞かれる質問の一つが、神社と仏閣の見分け方です。もっとも簡単なのは、鳥居と狛犬の像を見かけたら神社で、仏像があればお寺だということです。

「神道の神社の入口には鳥居があって、一対の狛犬の像が見られます。狛犬は獅子や犬に似た獣で、日本の神社の入口や本殿に一対で置かれています」

と付け加えると、やっと納得していただけます。

円覚寺の境内で垣間見る黒澤明の世界

北鎌倉の円覚寺は、鎌倉五山第二位の寺。山門から仏殿、方丈へと徐々に一直線に伸びている伽藍の数々からは、禅宗文化の神髄が感じられます。

「円覚寺は一三世紀に二度の元寇襲来を撃退した後、執権北条時宗に宋から招かれた中国僧無学祖元により創建されました。座禅の修行が今もこの寺で行われています」と説明しながら門のすぐ左側に位置する桂昌庵をガイドしていたとき、弓道の練習をしているのに遭遇しました。

二人の米国人の熟年女性のプライベートガイドで、私たち三人は北鎌倉に到着したばかりでした。四時までには東京のペニンシュラホテルに戻るという予定だったのに、二人はその場を離れようとせず、それからなんと三〇分以上立ったまま、その道場で弓道の練習を見学。白い装束を身につけた生徒が、弓を持って的を当てようとする真剣なまなざしや、凛とした立ち居振る舞いに魅せられ、その場を去ろうとしません。

たまたまそこに居合わせた男性が、以前その弓道場の道場に通っていたことがあって、いろいろ説明していただくことになったので二人は大喜び。弓道から日本の武道、そして、茶道などまで、〝わびさび〞など侍時代の日本の話で盛り上がりました。

「まるで黒澤明の侍映画を見ているような感じ。あの先生は僧侶に見えるけどここに住んでいるのですか？　これは私たちが日本で一番見たかったものです」

「先生は寺の住職で和尚さんで、弓道の先生でもあります。私は数年前にここに通っていたので、弓道のレッスンを見るために立ち寄ってみたのですよ」

温厚なサラリーマン風の中年の男性は懐かしげに説明してから、

「弓道、柔道、剣道などの武道だけでなく、茶道、華道なども道を極めることは、すべて禅に通じていて、それは武士道につながること。行き着くところはすべて同じで、何も考えずに無心になること。いつでも平常心を保つということは、禅の基本である〝無であり空《くう》である〞ということなのです」と話してくれたその男性は、禅僧のように高潔に見えました。

「禅は鎌倉時代に瞑想することにより伝えられた仏教で、茶道などの日本文化に大きな影響を与えました。この寺で座禅をすることもあります」と私が座禅の話を付け加えると、

「アメリカ人も座禅には興味があります。私たちもスティーブ・ジョブズが愛した京都の禅寺を訪れる予定です」という話を聞いて初めて、彼女たちが弓道に並々ならぬ興味を示していた理由が理解できました。

アップル社の創立者ジョブズは若いころから禅に傾倒していて、晩年家族と臨済宗の禅刹である西芳寺（苔寺）を訪れています。

弓道を堪能した後は、急ぎ足で山門や仏殿などを見て回りましたが、円覚寺は本当にいくら時間があっても足りないくらい。

弓道の話のついでに、鎌倉時代にはじまった日本の象徴的な武術である流鏑馬《やぶさめ》について、「流鏑馬は伝統的な日本の弓術です。弓術と乗馬を組み合わせた神道の儀式です。この騎馬弓術は鎌倉時代に、頼朝が侍の訓練に流鏑馬を取り入れたのが始まりでした。今日《こんにち》も日本中で神道の儀式として行われています」と伝えると、二人はその儀式に非常に興味を示し、「その流鏑馬を見たいから、また来年よろしく」ということになりました。

中世にタイムスリップしたいなら報国寺

報国寺は足利尊氏の祖父、家時が開基し、一四世紀に創建された臨済宗の寺院。一〇〇以上ある由緒ある鎌倉の寺の中でも、ミシュランで三つ星を獲得して以来、外国人観光客がもっとも多く訪れる寺となりました。

山門を過ぎると、岩を配した庭園風の参道が伸びていて、その先に本堂が見えてきます。本堂の奥に広がるのは孟宗竹の庭。報国寺は別名、鎌倉の「竹の寺」とも言われています。本堂の近くには抹茶をいただける茶席（休耕庵）が設けてあるので、入場券を買うときに一緒に抹茶付きの拝観料を払っておくと便利です。日本を去る前にデパートに行って、好みの抹茶を買って帰りたいという外国人の愛好者も増えてきています。この休耕庵で竹の庭を観ながら抹茶をいただけるのは、抹茶愛好家にとってはまたとないチャンス。

前回鎌倉をガイドした際、最後に立ち寄ったのですが、帰りの時間を延ばしてお茶席でのお抹茶をお勧めしました。美しい竹庭でそよ風を感じながら抹茶をいただいていると、日本の中世にタイムトリップしたような雰囲気になります。

竹の寺としても海外でも知られているので、本堂の奥の美しい竹の庭を鑑賞しながら、茶席でのお茶を楽しめることが観光客の人気を集めているようです。

この幻想的で清らかな竹林のすぐ近くにあるのが、足利一族の墓。横穴式墳墓で、岩肌をくりぬいた洞窟のような作りで、鎌倉時代中世の史跡として貴重な遺跡とされています。足利氏終焉の地の鎌倉で貴重な遺跡であるこの〝やぐら〟からは、厳しい時代に潔く散っていった若き武士たちの情念がひしひしと伝わってくるような思いがします。

「〝やぐら〟は中世に岩肌をくりぬいて作られた墓です。報国寺のやぐらは足利一族の墓となっています。義時はこの寺で切腹したときは一七歳だったと伝えられています。切腹、または腹切りは、敵の手に落ちるよりは名誉ある死を選んだ侍の武士道の掟《おきて》でした」

侍、腹切り、切腹、武士、などの日本語はすでに海外から来た人に知られています。一九〇〇年に新渡戸稲造が英語で執筆した『武士道』が、いまだに海外でいかに多くの人たちに読まれてきたかが伺えるのです。

第三章

富士山

富士山をバックに

富士山――実は活火山

日本のシンボルといわれている富士山。パック旅行から個人、日帰り客、登山者とありとあらゆる外国人が富士山を目指します。バスで来る人が多いので、五合目周辺はいつもたいへんな渋滞です。大きな団体の場合は集合時間までずっと行動を共にすることは難しい場所なので、バスが駐車する前に簡単に説明しておきます。

「富士山は三七七六メートルで日本でもっとも高い山です。世界でももっとも美しい円錐形の山でユネスコの世界遺産に登録されています」

観光客がもっとも興味を持っていることは、富士山は休火山なのか、活火山なのかということ。地震や津波などの自然災害のない国から来た人たちは特に恐怖感を抱いているのです。

「いつ噴火するか心配だけど、一度この目で富士山を見たい」

「一世紀以上休火山だったから、もう噴火してもいい時期ですよね」

「一七〇七年の宝永大噴火以来噴火していませんが、活火山です。噴火史で研究されていて諸説ありますが、過去には一八回の噴火が記録されています。もっとも激しいのが一七〇七年の噴火でした。富士山の美しい曲線はこの噴火の後で作られました」

そして日本が火山国であるということを説明し、最後に、「日本には一〇〇以上の活火山と数多くの温泉があります」と付け加えておきます。

富士山が世界遺産に登録されたのは、二〇一三年の六月。私がガイドの仕事を始めてから三ヵ月後のことでした。一昔前までは外国人が思い描く日本といえば、〝フジヤマ、ゲイシャ〟（富士山、芸者）で知られていたので、私はなぜその年まで富士山が登録されなかったのかを不思議に思っていたのです。ちなみに日本で最初に世界遺産に登録されたのは、法隆寺と姫路城でした。

ガイドの仕事を引き受けるたびに、気になるのはお天気のこと。どこの観光地でも晴れてくれればうれしいものですが、もっとも天候に左右されるのは富士山観光です。ほとんどの観光客は天気予報に関係なく、各々の旅程に従って観光地に向かうので、運、不運が大きく左右することになります。

日本に何度も来ているというリピーターのアメリカ人が、

「これが三度目の富士山で、初めて顔を出してくれたが、ピークが少し見えただけ。一度もあの完全な姿を見てないんだ」と残念そうにつぶやいたことがありました。

「次回は冬に計画されてはいかがでしょうか。冬の間は空気がきれいなので、山の景色がよく見えますよ」と答えると、

「そうですか。今度は真冬に来ることにしましょう」と、あっさり合意してくれて助かったの

ですが、富士山を目指してやってくる観光客の中で、完璧な富士山を目の当たりにできた人はあまりいないと思うのです。

外国から飛んでくる遠来の客にとっては、富士山が見えないというのは、非常に残念なことであり、案内している私の方もつらい気持ちになります。


そんなときドライバーは、気の毒な客のために、車窓から観賞できる要所要所をゆっくり回ってくれます。その間、ガイドは富士山周辺の歴史や地質、富士山を描いた高名な画家、富士山にかかる雲の話をします。

「富士山は日本人にとり神聖そのものと考えられていて、多くの巡礼者が登山をしました。何世紀ものあいだ日本のシンボルとして知られてきて、特に江戸時代からは多くの絵画にも描かれました。富士山を描いたもっとも有名な浮世絵作家は葛飾北斎です」

「いつ富士山に登れるのですか？」とは聞かれることも多く、そんなときには、

「富士山は七月一日から八月三一日が正式な登山シーズンです。日本では〝一度も富士山を登山しないのは愚か者だが、一回以上も登るのはもっと愚かなことだ〟といわれています」

と伝えるたびに爆笑してくれます。

元商社マン富士山ガイドのプロ意識

元商社マンで長年中南米をはじめ海外で駐在し、定年を迎えてからガイドを始め、主に富士山を案内しているという熟練ガイドがいました。驚いたのは仕事を受ける前、自分の足で富士山近くの名所を一〇回近く歩き回ったとか。下見をしてからでないとどこも案内しないというガイドは多いのです。しかし一〇回というのはまず聞いたことがなかったので、絶句してしまいました。なんと彼は忍野八海についたとき、バスの駐車場から正確に何分どころか、何歩でたどり着けるということまでも把握しているのです。それまで一度も下見をしたことがなかった私は大いに反省したものでした。

銀髪で品のよいその男性は、レディファーストの作法が身についていて、知的でしかも包容力があり、とてもダンディでした。人数を数えるマシーンまで持っていたのでびっくりしました。団体のお客様をおいていってはたいへんとの思いから、人数の確認は私たちガイドがもっとも神経を使う仕事の一つ。確かに機械で数えれば正確で合理的なのですが、あの「カチャ」という音を出すのは客に失礼な気もします。

自分のことを棚に上げていうのもナンですが、一緒にお仕事をするうちに、いい人とそうでない人がいます。ここでは思い切って「高齢者をバカにする曲者の中年ドライバー」のことをうちあけることに。

アメリカ人夫妻の個人ガイドとして向かった先は、河口湖畔のホテルでした。芝桜を見ながらの個人ツアーということで二日間の日程。夫はカメラが趣味とかで富士五湖を回っている間、盛んに富士山を撮っていました。移動はＶＩＰ専門の会社から派遣されたドライバーが運転するリムジンで、その日は撮影日和の快晴でした。カメラ好きのお客様が、「新倉山の公園に行きたい。富士山と五重塔のベストショットが撮れる公園なんです」と言うと、ドライバーはそれを拒否。理由は「メーターがオーバーしているから」とか、「崖があって坂を上るので、高齢者を連れて行きたくない」「けがをすると危険だから」等々。すぐ近くでありながら、客の願いをかなえてあげることができませんでした。「なんとかお願いします」と懇願しだすと、さらには私の年齢のことまで。……さんざんバカにして、「年寄りばかり連れていると、気ばかり遣って疲れる」と文句タラタラ。

世界のカメラマンが憧れる奇跡のマッチング―富士山と五重塔

後でこの新倉山新浅間公園が富士山の写真を撮るのには絶景という記事を読みました。

五重塔と富士山がマッチしていて京都と富士山を同時に見ることができるので、注目を集めてきている場所ということです。こんなとき、私はドライバーに従わざるを得ないガイドという仕事の無念さをつくづく痛感します。桜の季節だったのでさぞかし素晴らしい写真が撮れたのではないかと思うたび、あのときに自分がもっとガイドとしての知識があったら、もっと説得力があったのかもしれないと無念さが残るのです。

リムジンを運転中、隣に座っている私に、このドライバーはガイド料のことを聞いてきたり、お金の話ばかりしてくるので辟易しました。一見、リムジンの運転手は、優雅でさぞかし気持ちがよく、しかも報酬も恵まれているように思いがちですが、話を聞いてみると、意外な事実がわかり、驚いてしまいました。

彼の話によれば、賃金はバスの運転手よりも安く、勤務時間も長いようなのです。もっと驚いたのは、彼の今回の仕事は、二日間のスケジュールなのに、運転手用にホテルはとられていないということでした。会社としては、毎日往復させる方が安くつくということのようなのです。結局、彼は自腹でホテルに泊まる方を選びました。

気の毒に思い、ハードな仕事をこなしているドライバーの機嫌を損なうことを恐れ、ドリンクや食事をサービスしましましたが、特に何かが変わったということはありませんでした。

二日目に横浜へ移動し、アメリカ人夫妻を遊覧船乗り場まで運んだとき、リムジンのドライバーに、会社から電話が入りました。

「この仕事が終わり次第、次の客を迎えに成田へ行かなければならない」

ピリピリした表情で不機嫌に言っていました。

意地が悪いように思わせるのも難があるかもしれませんが、その背景に問題があることもわかって複雑な気持ちです。けれどもドライバーやその他の関りを持たねばならない人をとりまく状況にまったく関係がなく、何の罪もない遠来の客が、すぐ近くのもっとも行きたがった場所で快晴の富士山を写し、それをフレームに入れて自宅に飾りたいという希望をかなえてあげられなかったことは、ガイドとして慙愧《ざんさ》に堪えないのです。

第四章

エピソード編

京都・清水寺にて

エピソード1　「あなたは最悪のガイドだ！」

例年四月は観光ガイドの仕事の書き入れ時。紅葉の秋も人気ですが、桜の開花時は圧倒的に需要が多くなります。あちこちの旅行会社は臨時雇いの形で助っ人を探し始めます。

ある旅行会社から新人の私にどうしてもという依頼があり引き受けたのが、お花見パッケージツアーでした。六日間で東京、箱根、京都、大阪の観光地をまわるというバスツアー。新幹線は静岡から掛川までという、かなりエコノミーなもの。二台の観光バスが同じコースを回るツアーなので、まったくの新人でも大丈夫と任されたのです。

東京タワー、皇居、浅草寺を訪れた翌日の箱根観光中に、衝撃的な出来事が発生しました。大涌谷を見学した後、昼食のため予約済みの「わくわくキッチン」に入り、それぞれテーブルを囲んで座りました。ところが人数を数えると二二人しかいません。ロープウェイに乗るときは、確かに二四人いました。いったいどこで消えてしまったのでしょう。すぐにレストランを飛びだし、あちこち探し初めてから二人を見つけ出すまで、わずか五、六分だったでしょうが、とてつもなく長く感じられました。

「あなたは最悪のガイドだ。どうして私たち二人を、こんな寒いところに置いてきぼりにしたのか！」

強風が吹きすさび、一面噴煙に包まれた真冬のような寒さの中、恐怖と寒さで震えながらそこに立ちすくんでいた迷子の二人を見つけ出したときは、ただうれしくて、どんな怒声を浴びても関係ないほど、安どのため息だけついていました。ゆで卵に似た硫黄のにおいと噴煙が立ち込める中で、恐怖におびえたような二人の表情が、極度の不安を物語っていました。

後でわかったことですが、駐車場でバスを降りてから、ランチをとるために集団で歩いていたほんの数分間のことだったのです。

「バスを降りてからみんなで一緒に歩いていて、写真を撮るために一瞬立ち止まったんだ。気が付いたら皆いなくなってしまっていた。本当にあっという間だったよ。ずっと皆で一緒に行動していたのに、急に誰の姿も見えなくなったんだから」

この日二〇一四年四月二日、ガイドに就業して一年。これが私にとって初めての団体観光バスツアーのガイド業務でした。

ニューヨークから来た、仕事を引退したばかりという、迷子の恐怖体験をしたばかりのそのご夫妻は、遠望の優れた窓際の席に座り、バイキングのランチを食べ終えるころには、すっかり機嫌が直っていました。

同じテーブルに座って話しているうちに、私が昔、アメリカの航空会社パンナムの客室乗務員だったことがわかった途端に周囲が色めき立ち、彼が真っ先に話し始めました。

「あのころは〝Coffee, Tea or Me〟がベストセラーだった。飛行機に乗ること自体がステータスな時代だったよね。いろんなセレブの乗客に乗り合わせたでしょう」

「ええ、一度ファーストクラスのラウンジで、素敵な乗客と話していたときに、あなたは〝スティーヴ・マックイーンに似ていますね〟と言ったら反応がなくなったので、隣に座っていた同僚に〝彼、スティーヴ・マックイーンに似ていると思わない？〟と言うと、〝彼は本物のマックイーンよ〟ということがありました」

「あのハリウッドスターのマックイーン？」

「そう、本人とは気が付かずにずいぶん長い間話し込んでしまいました」

「そんな話、今ではありえないよね。だいたい、飛行機で隣に座った人と口もきかない時代なんだから」

こんな会話を交わしたあと迷子の恐怖体験をした彼は、にこやかで感じのよい夫人とともにバスの前方に座り、残りの五日間、何かと私の手助けを買って出てくれました。

京都の清水寺や奈良の東大寺、それに大阪城などで、ツアー仲間の誰かが集合時間に遅れるようなことがあると、率先して探しに行ってくれたりしました。ツアーコンダクターが同乗していなかったため、こまめに動いてくれる彼らの存在は、とてもありがたかったのです。

七年間通訳ガイドの仕事をしてみて、まず思い出すのがこの「お花見パッケージツアー」。

このご夫婦以外にも二二人の一人一人の顔が浮かんできます。カナダ人、オーストラリア人が多く、アメリカ人は彼ら二人だけでした。

このバスツアーで、一緒に京都まで同行した先輩ガイドが、「好きな旅行をしながら、こうして温泉に入っていられるのは本当に最高。まさにガイド冥利に尽きるわ」と言っていたのを思い出します。途中で泊った静岡の温泉旅館で、そうしみじみと語っていました。非常に優秀なベテランガイドで指導力もあり、三五名の団体観光客を引率しながら、もう一台のバスのガイドを任された新人の私にも気配りを忘れない、頼もしい存在でした。

そのときに彼女がリラックスする姿を初めて見たのですが、仕事中の厳しい表情は跡形もなく消え、まったく別人のような、優しく穏やかな女性の顔になっていました。どんなにハードワークでも、好きな仕事をしているからこそ見せる余裕のある、プロフェッショナルな女性の姿に触れ、感動したのを覚えています。

エピソード2　ＶＩＰゴルフツアー――東洋人にはない社交性と話術

このツアーの直後にシンガポールの富裕層のゴルフツアーの添乗ガイドをしました。

シンガポールといえば、もう半世紀以上も前に、出会った一人の中国人男性を思い出します。

アメリカのコロンビア大学で経営学の修士号を取得したばかりのロニー・タン。本国に帰る途中、立ち寄ったハワイ大学主催のあるパーティーで出会いました。都会的で洗練された物腰の彼は、ガサツなアメリカ男性やパッとしない他の東洋人留学生の中ではダントツ。着こなしがよく、ほとんどネイティブに近い完璧な英語を話すロニーは、ふだん東洋人の学生に興味を示さないアメリカ娘の間でも人気がありました。

彼の魅力は東洋人には類まれな社交性と話術の巧みさでした。

ロニーが新米スチュワーデスとしてスタートしたばかりの私たちに会うとよく言っていたのが、「アメリカ式の家に住み、中華料理を食べ、日本女性を妻にするのが男性の理想」という言葉。お世辞上手な彼の単なる社交辞令とわかっていても、そう言われて悪い気がするはずはありません。

香港と同様、長い間英国の支配下にあったシンガポールは、完全にレディファーストの国。女性が不愛想なことといったら驚くほど。デパートや小売店で何を買っても、若い女性はニコリともせず事務的でつっけんどん。日本女性が西欧化されてきたといっても、香港やシンガポールの女性に比べると、まだまだ優しくて理想の妻のイメージが多少は残っているようです。

国際人のパイオニア――玉の輿に乗った大和撫子

七〇年代、初めてサンフランシスコからシンガポールの直行便で到着したときのこと。あまりにも街並みが整然として清潔なのに驚き、同時に開発途上にあった東南アジア諸国の国々はもちろん、同じ華僑が多く住む街だとは、一瞬信じられない思いがしました。シンガポールでは道路に痰《たん》や唾《つば》を吐くと、罰金を課されるとのこと。建国の父、リー・クアンユー首相が、クリーン政策を打ち立てて以来、シンガポールの町はすっかり美化されたのです。

シンガポールの観光名所の一つ、タイガーバームガーデンを見物に行ったときのこと。入口のすぐ近くに、富士山を背景にした相撲取りの彫像があったので、奇異な感じを受けたものでした。「なぜ」と思っていると、中国人のガイドは、「これは大富豪の子息が、日本女性と結婚したときの記念としてつくられたのです」と説明してくれました。

虎がトレードマークの家庭用万能薬として世界中で販売されている萬金油を開発して、巨万の富を築いた、胡文虎氏。彼が香港につくったものよりもはるかに大きな中国庭園の中心部に、どっしりと構えているお相撲さんの土俵入りの像は、なんとなくユーモラスな感じがしないでもありません。

日本女性が玉の輿に乗った例と言えば、モルガン財閥の御曹司に身受けされた芸者モルガンお雪、オーストリアの伯爵夫人となったグーテンホーフ光子、ジョン・レノンと結婚した小野ヨーコが有名で、たいてい西洋人と結婚しています。

東洋人ではスカルノ大統領に見初められたデヴィ夫人がいますが、彼女は第三夫人という特殊な立場だったので、純然たる東洋人の玉の輿の筆頭は、この胡文虎に嫁いだ暁子さんということになると思います。

長年国際人として、『日本人が知らない「日本の姿」』『国際人のパスポート』などの著書を通じて日本人への提言を続けてきた暁子さんは、まさに国際人のパイオニアともいえる人。

ところで、このツアーを希望した理由は、今までにないフリーなタイプのツアーで細かい制約がなく、フレキシブルで何かガイド冥利に尽きるというか、新鮮味があり、やりがいのありそうな企画だったからなのです。

ツアー参加者も六〇代から七〇代のビジネスマンが夫人同伴で来日し、湯河原から河口湖と神奈川県のメインのゴルフコースで、日本のゴルフ仲間とコースをまわります。午前中、夫たちがゴルフをしている間、夫人たちは別に行動して観光やグルメ、ショッピングなどを楽しむというもの。

昔ハワイで出会った、あのロニー・タンのような、類まれな社交性を身につけているシンガポール人から学ぶべきことはあると感じたし、同時に夫人たちと毎日ランチをともにしながら、いろいろ話し合える絶好のチャンスが到来したと思いました。あのロニー・タンのような完璧なマナーで社交性を備えた女性たちに出会えそうな期待感もありました。

ツアーのスタートは東京の帝国ホテルでした。

定刻の一時に出発した大型バスで二時間後に湯河原の海石榴《つばき》に到着。五組のカップルと男性のみの参加者五名がチェックイン。夕方五時からホテルの宴会場で総勢一五名が夕食ということになりました。

男性のみの参加の一人はピーナッツ・アレルギーがあるということなので、ガイドの私が彼の隣の席に座って、食事が運ばれるたびにチェックすることになっていました。各種の料理に供される、〝たれ〟の中にもピーナッツが混ざっていることもあり、一滴でもそれを口にするとたちまち湿疹が出て反応してしまうということで、結構たいへんなことになるのです。面倒な役を仰せつかって少々気が重かったのですが、〝クモ〟という愛称のこの男性は癒し系で一五名の参加者の中でインドネシア人は〝クモ〟だけ。その後五日間というもの、いろいろ無理難題が課される夕食の席で、彼の飛び切り素敵な笑顔に癒されました。

シンガポール財界をリードする超エリート

夕食会の席で初めて一人一人が自己紹介をしました。シンガポールで会社を経営するビジネスマンがメインで、彼らの顧問弁護士や公認会計士と一緒に、ゴルフ仲間の友人たちが桜の時期に観光をかねて、日本でのゴルフツアーを組んだということ。このツアーの団長であるK氏がよく仕事で日本に来日し、かなりの日本通。今回のツアーでも、彼の日本の友人たちが所属するゴルフクラブで試合をすることになっていました。

一橋大学で経済を学んだというミンさんは、

「日本から帰国後、証券会社を経営しているのですが、僕以外はみなシンガポールの財界を代表する超エリートですよ。今回僕が参加できたのは日本での留学経験があるので、団長の補助役として仲間に入れてもらったようなもの」

と、謙尊も含みつつだと思いますがそう言っていました。

日本のホテルサービスは世界でもトップクラス

このツアーで一番苦労したのは、夕食時に、本当は歓迎されていないお酒の持ち込みを特別

許可させること。みな日本酒の通らしく、

「吟醸酒がいい。特に大吟醸は最高。吟醸酒なしの日本食は考えられない」

と言ってこだわっていました。

それともう一つ、毎朝早朝に特別にボックス朝食を用意してほしいと懇願されたこと。六時前には用意できないというと、

「朝食をテイクアウトしたいのです」

「六時前には朝食のご用意できません。朝早すぎますので」

「サンドイッチでも卵でも何でもいいので、箱に入れてくれるよう頼んでください」

彼らの言い分は朝食代金がホテル料金に含まれているので、そこを何とかしてお願いしてほしいということでした。

日本のホテルサービスは世界でもトップクラス。一流のホテルや旅館であれば、先程の朝食ボックスのような、かなり無理難題を押しつけられても、客から頼まれれば聞き入れるというのが常なのです。

初日は少し雨が降ってきたので、ゴルフをしない五人の夫人たちと湯河原まで行き、そば店を探している途中、一人だけカナダに住んでいるという女性が、

「日本のカツ丼ほどおいしいものはないと思う。休暇なんだからおいしいものを食べたい」と言うので、そばとかつ丼が両方ある店に入りました。

初めてバスの一番前の席に座っている彼女を見かけたときから、他の女性とは違った親しみやすい雰囲気で印象的でした。

エレガントな縁取りのある帽子を大事そうに棚の上に乗せるたびに、ミニスカートがますます短くなり、気になっていた女性でした。バスの運転手まで気が付いていたのか、隣に座っているご主人に、「あなたの奥様はグラマーでチャーミングですね」とささやいていたくらい。とても親しみやすく素敵な女性でした。彼女はバンクーバーに住んでいて夫の仕事の関係で今回このツアーに参加したのだということでした。

なんでも遠慮しないタイプで彼女の話はダントツにおもしろく、スノッブぞろいのグループの中で、異彩を放っていました。特に昼食中に話してくれた日本人の話は圧巻でした。

マナーが悪いのは中国人とは限らない

「今回バンクーバーから日本までのフライトで隣に座った東洋人のマナーが最低だったの。椅子をガタガタさせるし、肘をぐいぐい伸ばしてきて、全然リラックスできなかったわ。ねえ、彼、どこの国の人だったと思う?」

みなそれぞれ「中国人?」から始まり韓国人、フィリピン人、タイ人、ベトナム人といろんな国籍が出てきました。

「……それがね、日本人だったのよ！　あの世界一礼儀正しいとされている……。信じられないでしょう?　彼のパスポートを見たとき、私も驚いたのよ。本当にどこにでも例外はいるものね」

機内での彼の態度や表情までをあれこれジェスチャーで再演しながら、皆を笑わせていました。そして、

「私だって中国人と思っていたわ。マナーが悪かったから。それが日本人とわかったときは本当にショックだった」

シンガポールは今年で建国五〇年を迎え、もともと中国人のはずなのに、彼らは、自分たちは中国本土の人たちとはまったく別の人種だと思っているようなのです。その傾向は香港でも感じましたが、シンガポールの人はもう完全に考え方や生活様式が西欧化しているのに驚きました。

ウエルシュコーギーを飼って英国式のライフスタイルが浸透

留守中家事はメイドに任せてあるので心配はないのですが、彼女たちは愛犬のことが気になっているようでした。子供たちは成長して独立し、三人もが「エリザベス女王と同じウエルシュコーギーという愛犬を飼っているの」と言っていました。英国式のライフスタイルが浸透しているのです。

一〇人に一人は億万長者といわれるシンガポールで、富裕層の彼らはアジア人というより、欧米並み、いやそれ以上豊かな生活を送っているようで、夫のゴルフツアーに妻がついてきてぜいたく三昧。こんな富裕層の彼らなのに、金銭に関してはやたらと細かいというか、西欧的な割り切り方に驚くことしばしばでした。

さらには顔は東洋人なのにマナーは西欧的。特にレディファーストが徹底しています。団長のB氏は背が高く英国訛りの英語を使い紳士的な風貌なのですが、何かというと、I want to talk a manager.「マネージャーと話したい」と徹底して最後まで問い詰めるタイプ。毎晩のように旅館やレストランのマネージャーとの交渉に、〝こんな細かいことまで〟と通訳していた私も驚くような交渉が多いのです。アジア人というより、ニューヨークに住んでいたころ、高齢のユダヤ人に似たような人がいたのを思い出してしまいました。

一週間前にシンガポールから親善旅行で来日した若者三五人の案内をしていて、通産省などの官公庁やクリニックや国際機関などの視察場所を間違えても、「散歩できたからいいですよ」などと、誰からも文句が出ません。同じ国であまりにも世代の違いがあるのにとてもびっくりしました。

“女性は朝早く起こさないように”というレディファーストの団長

「女性はお化粧などに時間がかかるので、朝は起こさないように」

と団長のB氏からくり返し言われました。

たいへんだったのはバスのドライバーでした。早朝にゴルフ場に行ってホテルに戻ってくるまでかなりの拘束時間になり、最初の日に、ゴルフ場までの高速料金や駐車場料金などを入れると差額が三万円近くになりました。

この支払額を告げると団長の横にいた例の日本留学経験のあるミン氏が言いました。

「日本人は欧米人を優遇し、アジア人に偏見があるんじゃないですか。どう計算したってこの額は多すぎる。駐車料金にそんな法外な支払いなんて信じられませんよ」

「でも実際ここに領収書があるし、何しろ大型バスですから、駐車代もかなり高額になるんですよ」という私の説明に耳を貸そうとしません。

結局、本社の担当者に入ってもらい、最初のこの三万円だけは旅行会社で負担し、それ以降の差額に関しては支払い義務が生じるということで決着しました。

翌日からドライバーはゴルフ場とホテルの往復は一回だけになり、身体的にもかなり楽になったのかほっとした表情で、

「はっきり言って大型バスでゴルフ場とホテルの二往復はきつかった。大型バスが駐車できるところは限られているし、ラッシュアワーに入るとなかなか運転もきついからね」

と言っていました。

ベテランの、笑顔の素敵な明るいドライバーさんで、今回のバスツアーはいろいろたいへんなことがあったのですが、ユーモアを絶やさず冷静沈着に対応する姿勢に感心しました。

雨天でゴルフも観光もできず、ショッピングや食事で終わった日もありましたが、大方のところ、男性軍は伊豆ハイツ、富士レイクサイド、スリーハンドレッドクラブなどでゴルフ三昧ができ、女性軍は、湯河原、忍野八海、富岳風穴、御殿場、横浜などへ行って、観光、ショッピング、グルメを満喫。いたるところで富士山も顔を出してくれて、充実した日々を楽しんでいただけたようです。

たった一つ、心残りがあったことについて触れておきます。

横浜のホテルに向かう途中、チェックインには時間が早かったので、中華街でおろしてもらい、さてチャイナタウンでランチをと、思ったのですが、

「日本では中華料理は食べたくない。日本そばの店を探して」と言われて、仕方なく近くの元町へ。中国料理がメインなところなので、五人以上が入れる日本そばの店は見つからず、結局ビルの三階にあった日本のレストランに。どんぶり物や魚が入ったセットメニューを注文しました。

「シンガポールの日本食の方がここよりずっとおいしい」

と一人の女性が言うと、ほかの三人もうなずいて共感したふうです。

女性だけのランチ五日目で、最終日だったのですが、かなりこれが限度だったのでしょうか。四人とも冴えない表情で、話題も限られてきた様子。最初の日に交わしていた愛犬やエステサロンなどの楽しい話はなくなりました。どんなに気のあった人でも、たまに会うのは楽しいものですが、ずっと同じ会話が続くとマンネリ化してくるのは当然のことなのでしょう。


昼食後、早めにホテルにチェックインしたいということで、すぐ近くの元町駅から電車で行くことにしました。電車に乗るのは今回初めての試みでした。ホテルは駅前だったので横浜駅に到着後、地下通路を歩いていくことにしました。みなとみらい線の元町駅からわずか七分で

乗り換えなしの直行。予定よりずっと速く到着し感謝されると思っていたのに、なぜか不機嫌な様子。そんなとき、後ろでひそひそ話していた女性の声が聞こえました。この一番若い女性と団長夫人は仲が良く、いつも二人でほかの参加者の女性の噂話などしていましたが、今度はその矛先はどうやら私に向けられていたようです。

「タクシーを二台呼ぶべきだったのよ」

ホテルにチェックインしたあと、彼女に向かって直接話しました。

「すぐ近くに駅があったので、一度電車に乗ってみるのもいいかと思ったのですよ。それに、この線は新しくできた路線ですから、とても清潔でホテルは駅の真ん前です。直行の急行列車に乗ったので、タクシーよりずいぶん時間が短縮できました」

「ホテルの正面入口に車をとめてほしかった。階段とか登ったり降りたりせずにね」

との答え。四〇代の初めのころで、そのグループの中ではダントツに若く中国系には珍しく笑顔がステキな彼女に好感を持っていたので、この答えにはいささか失望しました。そして、その数ヵ月前に、シカゴから富裕層のご夫妻を案内したとき、「タクシーよりも、日本ではできるだけ電車に乗りたい。シカゴでは毎日車の生活を送っているので」と言われ、スイカカードを買い三日間東京鎌倉を案内しました。特に江ノ電が気に入って「これはすごい！　単線だ！」と感動していたことを思い出してしまいました。

日本はノーチップ制の国だというけれど

翌日、雨天にもかかわらず朝からゴルフに出かけていた男性グループが帰ると、一行は羽田空港へ向かいました。

ドライバーは「こんな悪天候でもぎりぎりの時間までゴルフをしているからハラハラしていたけど、渋滞がなく早く着いてよかった」とほっとした様子。

六日間早朝から大きなゴルフケースの上げ下ろしだけでもたいへんだったと思うし、タイトなスケジュールだったはずなのに、いつもどおりのさわやかな落ち着いた表情で、羽田に着いたときも一人一人の大きなゴルフケースを下ろしていました。

ガイドは一応、客がゲートに入るまで見送ることになっているので、団長夫妻と並んでチェックインの方に向かって歩き始めたとき、I can take care from now.「ここからは自分でできます」とかなり強硬な口調。〝見送りしないでここで失礼した方がよさそう〟と直感し、急いでバスの方に戻ると、ちょうど最後の荷物をバスから降ろし終えたばかりのドライバーがいました。

「驚いたよ。こんなに大きなゴルフケース、六日間もたいへんな荷物だったのに。最終日なのに誰からもチップがないなんて」という彼に、「これ私からのチップ。慣れない私を六日間もサポートしてくれて感謝しています」と一万円札を手渡し、その場を去りました。

観光バスで長いツアーを終えた後などは、ほとんどの人は感謝の手紙を封書に入れ、心づけとして最終日に手渡してくれます。でも日本はノーチップ制の国だという考えが浸透してしまっているので、余計な心づけをする必要もないのです。

これほど発展する前から、シンガポールはアジアではユニークな国でした。建国以来昨年（二〇二〇年）五五周年になりました。一九六五年マレーシアから分離独立以降、指導者に恵まれ著しい経済発展を遂げています。

先日テレビで爆笑問題のシンガポール特集を見ていたら、「建国の歴史は北朝鮮と比較するとおもしろい。両国とも世襲だったのに、一方は指導者に恵まれ、明るい方向に向かって今の発展につながったのでは」とコメントしていたのに同感しました。

富裕層とはいえ、みな一代で築き上げた人がほとんど。同じアジア人でも日本人や他のアジア人とはまったく違って、西欧人のように行動力があり堂々と自己主張をし、そして最後までけっして妥協しない。そんな彼らと過ごした日々は、振り返ってみると、とても充実していて有意義だったと思います。昔ホノルルで出会ったロニー・タンの類まれな社交性や積極性も、今のシンガポールの富裕層の間では、ごく日常的な普通のことになっていることを実感しました。

エピソード3　フィリピンの家族と過ごした九日間

ガイドを始めて間もないころは気持ちに余裕がなく、ただ与えられた仕事をして頑張っていました。そんなときに出会ったのがフィリピン人の家族七人です。

ガイドになって数ヵ月目の二〇一三年の春、ある大手旅行会社からメールがありました。タサキパール主催のパーティーでお会いした、大手の旅行会社のスタッフからでした。そのインドネシア人の方とは名刺交換をしていて会場で「仕事があったらご連絡します」ということになっていました。それから二ヵ月経って彼からメールが届いたのです。

「フィリピンからのお客様ですが、ＶＩＰクラスで大型バスをチャーターして東京、鎌倉、日光、富士箱根、京都、奈良、大阪と九日間の観光です。新幹線は三島から京都まで乗ります。バスが超豪華なので、リラックスできるはずですよ」

メールで連絡があった後、電話で聞いたこの内容に「たった七人だけで、それも家族だったら」といった軽い気持ちでお引き受けしたのでした。

女性の社会的地位が高い国、フィリピン

フィリピンの女性の社会的地位は高く、特に上流階級はキャリア志向の人が多く、このツアーのパデラ夫人も不動産会社の社長で、エンジニアの夫は彼女の率いる会社でビルを建設するエンジニアとして働いているのだということ。日本文化に興味のある夫人は成長した息子三人と年頃の娘二人を説得して日本のツアーに参加したのでした。

息子たちはみな西欧的なマナーで紳士的。何かと三人で笑い転げる姿をみるたびに、こちらまで心が和みます。女の子は育ち盛りでシャイ。上の子は歯を治療中だったのであまり笑顔を見せることなく、「お母さんは私たちにとても厳しい」と時折、私に訴えるように話していました。下の子はまだ一〇代前半で「ダディ、ダディ」を連発。「何か買いたいものがあるときや、お願いごとはお父さんに頼むのよ」と言っていた、その末娘と父親がいつも仲良く腕組をして歩く姿が微笑ましく、絵になっていました。

パデラ氏は五〇歳前後の顎髭のよく似合うハンサムなスペイン系のフィリピン人でした。よき夫でありよき父であるのはもちろん、誰に対しても優しく笑顔で接する素晴らしい人格者でした。欧米生活が長かった私も、彼ほどの紳士に出会ったことはなく、その素敵な笑顔に魅せられ、彼が子供たちと日光忍者村でゲームをしたり、奈良のシカと戯れる写真をス

マホで撮っておきました。

後で写真を見た娘が、

「この男の子たちより、お父さんの方がずっとかっこいいじゃない」

と言っていました。

「息子たち三人ともイケメンでしょう?」と言うと、

「でもお父さんの方は見るからに人柄が偲ばれるいい感じ。若い子にはない雰囲気なのよ」というくらい人格が伝わってくる素敵な男性なのです。

東京タワーはなぜアメージング

東京タワーに上ったとき、

「五〇年前にこのタワーを作ったなんて信じられない。日本の当時の技術はすごかったんだなあ。こんな技術大国の日本だから、福島も絶対に乗り越えられると思う」

との彼のこの言葉。それは、大震災、津波・原発事故と続いて意気消沈している日本、そして我々日本人を励ましているようなパデラ氏のその口調、その優しさに感動したのを思い出します。

この素晴らしい家族を率いてきた賢くも厳しい母は、「私の大好きな日本、その文化や食事に子供たちにも慣れ親しんでもらうため、今回の旅行を企画したのよ」

ガイドになって初めての全国バスツアー。しかも九日間もの長いツアーに私はなんにも準備することもせず引き受けてしまいました。時間的にあまり余裕はなかったけれど、それでももっと準備しておくべきだったと、今になって悔やまれます。

サンリオピューロランドで見逃したハローキティのアトラクション

一番申し訳なかったのはサンリオピューロランドに行ったときのこと。ラッシュにあったこと、入場券の購買に予定より時間がかかったため、次女が大好きなハローキティのショーを見逃してしまったのです。

平日といってもテーマパークは当然どこも混んでいます。ハローキティのショーを見逃してしまったのは、非常に残念なことでした。

本当に人気のあるショーは前もって予約を入れるべきなのでした。一三歳の少女が落胆する姿を思い出すたびに、今でもつらい気持ちになります。

ただ救われたのは翌日のこと。その日は富士箱根河口湖観光の後、箱根の湯の花温泉に泊ることになっていました。

七時にホテルを出発し富士山の五合目まで行ったときには、嵐のような悪天候で傘が吹き飛ばされそうになりましたが、傘を閉じて濡れながら休憩所まで歩きました。強風で立っていられない状態でしたが、富士山を見たいという一筋の希望を抱いて立ち寄りました。

悪天候の中、バスのラッシュで渋滞が続いた五合目から河口湖に降りて湖畔のレストランでランチタイムになりました。入口に〝パデラファミリー歓迎〟の大きなサインを見て夫人は、「一時間だけのランチなのに家族の名前まで書いてくれたのね」と大喜び。子供たちにも、「ねえ、我が家の名が書かれているのを見た？　家族が一緒に旅するっていいでしょ」と小さな体で背伸びする様なしぐさで長身の息子たちに語りかけていました。息子たちも三人そろって笑顔を浮かべながら母親に同調。愛する日本へ成長した息子たちを口説き落としてまで連れてきてくれた夫人の尽力に感謝です。

昼食後は箱根観光の予定でしたが、ロープウエイが悪天候のため中止、海賊船などもすべてストップとなってしまいましたが、河口湖周辺は天候が回復してきたので、ひとまず周辺をドライブして天候の回復を待つことにしました。

一〇分もドライブしたころ突然、富士山が見えたのです。それは滅多に見られない最高の富士山でした。

まるで北斎の浮世絵を見ているよう

「見て！　息をのむような景色だ！」

Just like a painting, like an Ukiyo-e.「まるで絵をみているよう、浮世絵みたいな」

パデラ夫人は葛飾北斎の富士山の浮世絵を家に飾ってあるとのことで、特に感動していました。あまりの美しさに私も圧倒されましたが、嵐の後の静けさというか今までとはまったくの別世界でした。どの方角からも顔を出す最高の富士山。一行は歓喜して、バスから降りて写真を撮ることに！

そのときの家族七人の晴れ晴れとした表情を見て、私もうれしくなりました。

そこから少しドライブしていると、富士急ハイランドが見えてきました。数日前鎌倉の帰りに寄った横浜でも、カップヌードル美術館前のジェットコースターに乗りたいとのことで、立ち寄っています。

マニラでは長男は日産、次男はトヨタと日本車を運転。特に車好きの長男はオートレースにも参加するのだということ。

「富士サーキットの情報はいつも気になっています。確かこの辺であるはずだけど」

そんな会話を交わしていたとき、突然姿を見せた富士急ハイランドの全景に、ジェットコースター好きの彼らは、再び、〈アメージング〉と繰り返すほどの興奮ぶり。富士山に続いて突然姿を見せたうれしいサプライズでした。

「もう箱根に行かなくてもいい。ここの乗り物に乗ってみたいから」ということで入場券を買いました。

ジェットコースターから伝わる子供たちの絶叫―再びアメージング

彼らがジェットコースターに乗っている間、パデラ夫妻と私は待っていたのですが、下にいた私たちにも彼らの絶叫が伝わってきました。見てるだけでスリル満点です。子供たちが喜んでいることにハッピーな様子のご夫妻に、「〝フジヤマ〟は世界でもっとも高く、大きなローラーコースターとしてギネスブックに登録されています」とジェットコースターの説明すると、パデラ氏は、「数十年前に作ったんですよね。日本の技術は本当にすごい！」と東京タワーに行ったときと同じ日本の技術の素晴らしさを繰り返したのでした。

パデラ氏は包容力のある面持ちで、家族が喜ぶ姿を見て満足している様子でした。穏やかで寛容な彼の品性は、常にほのかに光っていました。

ツアーのスタートから六日目でしたが、この日初めて彼らと一緒に夕食をしました。和風旅館での懐石料理だったので、説明をする必要があったためです。驚いたのは初めてのフルコースの本格的な日本料理だったのに、子供たちは何でも抵抗なく、美味しそうにに食べていたこと。マニラでもよく日本のレストランに行っていたからなのでしょうが、彼らのハッピーな様子を見るのは、こちらもうれしい限りです。

就寝前に温泉でくつろいでいたとき、聞きなれた笑い声が。あの三人兄弟でした。中でももっとも快活な次男の声はよく通り、彼のはちきれそうな笑い声を聞いて、私もうれしくとてもいい気分に！

そのうちに笑い声に交じって水を掛け合う音まで聞こえてきます。まるでジェットコースターの余韻が残っているのかのような、ハッピーな笑い声でした。

七日目になるこの日の午前中は、御殿場のプレミアムアウトレットで買い物の日です。富士山が見えるアウトレットにはガイドとして何度も来ていますが、箱根からも三島からもツアー客が多く、二〇〇店以上のブランドショップが一年中セールをしているので、限られた時間の中でショッピングバッグを抱え、店から店へと大忙し。

パデラ家の末娘は父親につきっきりでおねだりしたのか、大きなバッグをいくつも抱えていました。長女と男の子たちは手ぶらで戻ってきましたが、相変わらずのハッピームード。

「蒸し暑かったからアイスクリームがおいしかった」

と言っています。

「これからランチに行くのに大丈夫？」

「任せていて、食べることなら」

摩訶不思議な雰囲気の御殿場ランチ

ランチは御殿場の近くにある御殿場カメヤ。大型バスが一五台も駐車できるだけあって、中に入って驚きました。

ここは団体客がほとんどであちこちグループでテーブルを囲み、食事ができるようになっています。私が引率するグループはもっとも少人数でしたが、大部屋の中の隅の一角にテーブルが用意されていました。七人分しかセットされてないのに気付いたパデラ夫人は、「あなたの席はないのですか」と。

食事のたびに夫人はガイドの私のことも気遣ってくださり、初日の浅草で天ぷら、天丼で有名な葵丸進に行ったときから「ご一緒に食事しませんか」とお誘いしてくれたので、「旅行会社で予約されていて、ガイドの昼食は別にアレンジされていることが多いのです。旅館で夕食時はご一緒できます」と説明すると納得してくれました。

パデラ家の家族はゆっくり時間をかけて食事をします。初めてスタッフ用の食堂に行ってみました。

一歩足を踏み入れると聞こえてきたのは外国語。ビュッフェ式になっている食堂いっぱいに数々の料理が並べられています。まるで香港か上海にいるような感じ。かなり狭い空間で中国人の女性ガイドが運転手らしき男性と何か話しています。大型バスが一五台収容可能なので、乗務員の数もかなりの数になるはず。他にも和洋中華たくさんの食べ物が手際よく並べられていました。

食事を終え外に出ると、けやきや杉の樹木の前に、次から次へと観光バスが到着。富士山見物の中国人の団体客を乗せたバスでした。

京都行の新幹線に乗るため三島駅まで運転する予定のドライバーに、摩訶不思議な食堂の光景を伝えると「ほとんどが中国人観光客で、乗務員も中国人ですよ。僕は滅多にあそこで食べないけど、混んでいるときはものすごい。まだ空いている時間帯なので、問題なかったでしょう」

新幹線の駅には早く到着したので、ホームで新幹線を見学。「のぞみ」の走行する様子や、「ひかり」「こだま」が停止、発車する様子を見学できます。バス旅行で関西方面に行くツアーはかならずといっていいほど新幹線の乗車がセッティングされています。

車好きの三人の息子たちはここでも大感激。

母親の影響なのかこの三人の息子たちは、揃いも揃って日本通なのです。

相撲を観たがったけれどチケットが取れなかったため、国技館の前で力士と写真を撮ったり、浅草の仲見世や鎌倉で日本の刀を買ったり、お台場ではウルトラセブンに夢中でした。

あちこちで日本人以上に日本のものに興味を持っていて、小さいころから漫画を見て育ったという三人兄弟は、漫画やアニメのことになると興奮して話が尽きません。

京都観光で金閣寺は欠かせない

二時間後の三時四八分に京都駅に到着。八条口で待機していたバスに乗車し、すぐに金閣寺に向かいました。今回のドライバーはかなり年配の人でしたが、とても親切でした。

かなりハードなスケジュールなので、ドライバーが敬遠するらしいのです。

「僕はね、あと三日間だけだけど、ガイドさんはたいへんでしょ。京都に着いて、すぐ金閣寺に行くなんて無茶だよね。明日は奈良に行ってまた京都に戻り、清水寺、それに祇園コーナーに行くって。午後の清水寺なんて人を見に行くようなものなのだけどなあ」

このツアーで五人目のドライバーは地元京都の人で、いろいろと面倒見がよくて本当に助かりました。

ラッシュアワーにもかかわらず予定通りの四時半に金閣寺に到着しました。

今まで何度も一家七人揃っての家族写真を頼まれ、いろんなカメラで撮りましたが、ここでは金閣寺が入る角度で背景を変え、幾度となくシャッターを押しました。それぞれ違ったカメラを使ってアングルを変え、記念写真を撮っておきたかったのでしょう。やはり金閣寺は日本を代表する景色だからなのでしょう。

金閣寺観光の後、京都のホテルオークラにチェックインし、ここで二日間滞在。

団体客はなかなか部屋が取れない高級ホテルなので、フロントも感じが良く、東京から宅急便で送った七人分の大きなスーツケースがロビーに並べてありました。

「あっ！　僕たちのスーツケースだ」

「ねえ見て！　もう部屋番号が書いてあるよ」

「本当！　日本ではこんな大きなスーツケースは滅多に見ないから目立っていますよ」

七人のスーツケースはそれぞれ色違いで超大型。最初成田空港で会ったとき、そのあまりの大きさに驚いたくらいのジャンボサイズ。

翌日早朝から奈良へ向かうバスの中で、

「もう少し時間があったら朝食完食できたのに……、朝の集合時間を遅くしてほしいよね」

「朝食、そんなにおいしかったの？」

と聞くと、

「そうすごくいいホテルだよ。パンもおいしいし、このホテル最高！」

もう一人の男の子は、

「朝から日本食は引くけど、このホテルの、おいしいかもね、明日トライしてみようかな」

食べ盛りの男の子の話題は食べ物が中心になるのはごく自然なことですが、それだけではなく、このホテルのおもてなしというか、居心地のよさが多分にプラスされていると思いました。

「日本のホテルのよさは世界中に喧伝されていますが、ここ数年連続世界一の観光地になっている京都のサービスは抜きんでているのです」

という私の説明に、彼らはうなずいて同感していました。

大仏さまより「シカ」

昨日チェックインしたときも、すぐにパデラ氏のもとにマネージャーらしき人が駆けつけ、挨拶をしていました。世界中からの観光客がステイする大ホテルでこのような細かい気配りはなかなか体験できないもの。パデラ氏の温顔がますますほころんでくるのを見て、私の心も安らぎました。

バスを駐車し、東大寺の大仏殿の方に向かっていく途中、観光客はシカと出会い、そこで時間を費やすことになります。よほど前からバスの中で毅然として「駐車したらすぐ大仏殿に行きますので、シカと遊ぶのは帰りにしてください」と言っておかないと、たいへんなことになります。

グループの場合は特にそうなのです。奈良公園のシカは人懐っこくて外国人観光客はみなここで大いに癒されるのです。歩行中もあちこちからかわいい顔をきょとんと覗かせて寄ってくるのでたまりません。

たちまちパデラ家の面々はあちこちに散らばり、えさをやったり写真を撮ったり大喜び。七人全員がかなり長い間シカと戯れ、本当にうれしそうな素晴らしい表情をしていたので、「先に大仏を見に行きましょう」とは言えませんでした。

不本意にも大仏殿で過ごした時間より、シカと戯れた時間の方が長かったのですが、一家が無心に喜びに浸っている様子を見て、これでよかったのかもしれないと思いました。

京都の清水寺に着いたのは午後の三時。清水寺がもっとも混む時間です。

フィリピンでは〝たこ焼き〟が人気だということで、男の子たちは別行動でどこかに出かけ、屋台でなにか試食したりしていました。

夫妻はあちこちの店でいろいろお土産を買っていましたが、特に気に入ったのは「八つ橋」。お土産にするといって一〇箱くらい買っていました。

今度は夫と二人で日本中を旅するつもり

最終日は大阪城を見学した後、心斎橋でショッピング。その後、関西空港から帰国の途につくというのは、ツアーでお決まりのコースです。

パデラ夫人は大阪城のショップで、日本の歴史の分厚い本を買い、その深い歴史と色彩の豊かな写真に圧倒されていました。

「マニラに帰ったら、この本をゆっくり熟読するつもり。もっと歴史を知って、またあらためて来たい。今度はゆっくり夫と二人で日本中を旅してみたい」

末っ子のアンジェリカは心斎橋で、スマートフォンのカバーや関連グッズが買えてハッピーな様子。ハローキティのことがあってからというもの、彼女のことがずっと気がかりだったので、好きなものをゲットして笑顔の彼女を見てほっと胸をなでおろしました。

空港で最後の別れの時――、
「やっと解放されて、これからどこかに一人でゆっくりできるところに行かれるのでしょう?」
とのパデラ氏の予期せぬ言葉に驚きました。この九日間というもの、いろいろなことがあり、私がなにかミスするたびに、パデラ氏の寛容な温顔があって救われました。一家の仲裁役で優しくとても理解のある人が、これほどの配慮をガイドの自分にまでしてくれていることに再び感動して胸が熱くなりました。

初めて会った家族とずっと一緒に、これほど長く過ごすことは、もう二度とないだろうと思いました。私にとって初めての長距離・長期間の添乗兼ツアーガイドだったので、至らぬことも多く緊張感がありました。けれどもこの温かく優しい七人の家族と過ごせたこの九日間は、最高に素晴らしく、出会いに感謝。搭乗口で一人一人の名前を言いハグを交わし終え、見送りながらただ満たされた気持ちでいっぱいでした。

この後、フィリピン人の団体客の添乗ガイドを何度もしました。時間にルーズな人が何人かいて集合時間に遅れてきたのですが、そんなときでも、ほかの乗客はみな笑顔で接しているのを見て、彼らの寛容さや優しさを肌で感じました。フィリピーノ・タイムといって、ラテン系の影響で時間にルーズなのですが、それがまた彼らの優しさの原点なのだと思います。

そんな温かで寛容な国民性のためか、どんな失敗をした後でもガイドの私に、ツアーの最終日には封書に感謝を伝えたカードを入れて渡してくれた彼ら一人一人の笑顔が、今でも昨日のことのように蘇《よみがえ》ってきます。

エピソード４　サウジアラビアの富豪はケンタッキーがお好き

二〇一四年六月二四日から四日間、毎日、日帰りで案内したサウジアラビア人の家族は、快い余韻を残した仕事の一つでした。事の始まりは急で、

「今日二時から数時間ガイドをお願いできますか？」

と、ホテルのコンシェルジュから連絡が入ったのが二四日の午前一一時。案内を依頼されたのは、Ｓ氏夫妻と大学生の長男、中学生の次男の四人。

ホテルから予約してあった大型リムジンに乗りこむと、Ｓ氏は話し始めました。ゆったりとした品の良さが、その言葉遣いや所作に表れています。

「東京を数時間見学したいですが、どこでもいいので案内してください」

普通、東京観光は朝九時から夕方五時くらいまでで、行き先もいろいろと指定されることがほとんどです。時間的にも限られているので、まず皇居に向かい、二重橋前で写真を撮り、銀座に出て、三越に立ち寄りました。店内を少し案内して外に出ると小雨が降ってきました。す

ぐリムジンがくるのでこの位の雨は大丈夫と思っていると、

「ここで傘を買いたいので、ちょっと待ってください」と言って、すぐ近くの〝やまと屋〟に立ち寄ったと思ったら、すぐ戻り、「これはあなたの傘です。この色でいいですよね」とブルーの傘を手渡してくれました。あっという間に私の分まで！　五本の傘を買ってきてくれたのです。この日は役には立ちませんでしたが、この折り畳みの傘は、ずっしりとしっかりしたつくりで、今も愛用しています。

神戸ビーフは宿泊先のホテル内にあった

銀座から浅草に向かう、ホテルから予約してあった大型リムジンで移動中も静かでしたが、スカイツリーが見えてくると、
「あのタワーの上で、待たないで食事できますか」
「かなり混雑していますけど、チェックしてみましょうか」
と答えると、
「混んでいるところは苦手なので、どこか神戸ビーフの店を知っていますか」
「お泊まりのホテルにいい店がありますよ」

「今晩の予約を入れてください」

ということになり、宿泊先のニューオータニには一八時までには帰る予定なので、

「一九時に四人用のテーブルを予約しました」

「ちょうどいい！　食事前にシャワーし着替えができる」

夕食を予約したと伝えると、ほっとした表情。花より団子ということでしょうが、こんな簡単なことで喜ばれ、ガイドにとってはもっとも楽なお客様なのです。夕食の神戸ビーフが決まり、リラックスムードになった彼は、

「サウジアラビアへ行ったことはありますか？」

と聞いてきました。サウジアラビアですぐ思い出したのはラマダンの時期に臨時に置かれたジャカルタベースのこと。インドネシアのジャカルタからサウジアラビアのメッカに飛ぶ巡礼者のための直行フライトでした。ニューヨークベースから飛んでいたころ、毎年一回恒例になっていたモスクワやジャカルタ行きを友人たちに誘われても、一度もビッドしてなくて悔いが残っていたことの一つでした。

ラマダンの時期のメッカ行き巡礼フライト

「パンナムで飛んでいたころ、メッカ行のフライトのため臨時にジャカルタにベースがありました。その巡礼フライトは飛んでいなくて残念ですが、ダーランに一度行きました」

「スチュワーデスはとても重労働です。パンナムはずっと前に倒産しましたよね？」

「ニューヨークからダーランまで飛んだのはもう四〇年も前のことです。今でもそのフライトをよく覚えています。乗客がとても行儀がよかったからです」

と答えながらも、四〇数年前に、ニューヨークからダーランまでの夜行便に乗務したことが、つい数年前のように蘇ってきました。ボーイング七〇七の機内に搭乗してきた五〇数名の乗客の中のたった一人の子供。その五歳くらい男の子が、言葉は通じなかったのに、機内で一緒にぬり絵をして遊んでからは、フライト中ずっと通路を回るたびに、私と視線が合うと見せてくれたかわいらしい笑顔。寂しげな表情の連れの男性は、父親なのか祖父なのか、二人とも英語を話さなかったので定かではないのですが、今になっても忘れられない乗客です。

あのころから、石油の精製所で働く北米からの移民労働者が数多く乗っていました。ベールをかぶったイスラム系の女性が五、六人乗っていて、みんなとても物静かなためか、物語から出てきたような神秘的な存在に見えました。

S氏夫人のアイファも、静かで落ち着いた雰囲気が同じもので、懐かしい思いがしました。

S氏は常に日本円を準備することを心掛け、どこに行っても、現金払い。その日の仕事を終えたときも、現金で支払い、ほんの数時間の案内にもかかわらず、法外なチップをもらい当惑しました。リムジンの運転手にも、恐縮するようなチップを渡していました。

すべてはガイドのあなたに任せます

二日目は日帰りで京都へ。S氏一家ほど心が広く、ゆったりとした家族は、世界中を探しても少ないでしょう。時間や距離の感覚がおおらかで、こせこせしたところがまったくないのです。この京都行も前日に、決めたばかり。息子達を新幹線に乗せたいとのことなので、切符の手配のみを手伝うつもりでいたら、

「明日フリーだったら、一緒に京都に行きませんか」

ということで急きょ京都へ同行することになりました。

「京都のどこに行きたいですか」

「それはガイドのあなたにお任せします」

この日は移動に時間がかかるため、金閣寺と清水寺は何としても案内しなければ……、と緊

張感を持っていたのに、昨日の話では、「朝一〇時過ぎの新幹線で行き、夕食時間には帰りたい」などと言っていました。

これでは京都まで行っても、駅でウロウロして帰るくらいで終わってしまう……。

「東京から京都まで二時間かかり、数ヵ所お連れしたいところがありますから」

東京駅で新幹線の往復乗車券を買う直前、S氏に話し、帰りの時間を二時間ほど遅らせてもらうことになりました。

大学生の長男は、かなりの日本通で、俳優の北川景子のDVDをいくつか持っているといいます。

彼は新幹線の旅が気に入ってご機嫌のようです。サウジアラビアには鉄道がないので、新鮮なのでしょう。車内販売のカートが通るたびに、あれこれ買っては若い女性のスタッフに片言の日本語で話し掛けていました。

日本人は着物の方が似合っているのに

金閣寺を見た後、祇園の花見小路で和食を味わってほしいと思っていたら、

「僕以外は日本食を食べないよ。観光地よりもマーケットみたいなところを見たい」

とのリクエストで、錦市場に向かいました。

前日の東京案内の最後に立ち寄った谷中銀座でも、八百屋さんや魚屋さんで立ち止まっていたのです。

錦市場はかなり気に入ったのか一時間以上見て歩き、その後、リムジンで清水寺へ向かいました。

清水寺はいつ行っても観光客が絶えないけれど、午後遅くなるとぐんと人通りが少なくなります。本堂入口のところで写真撮影をしている浴衣姿の若い女性を見つけると、「彼女たちと一緒の写真を撮りたい」とのリクエスト。

女性たちにOKをとると、シャイな中学生のモハメッドが真っ先に女性たちの方に走って行ったのが印象的でした。

「日本人は着物の方がずっと似合っている。洋服でなく伝統的なものを着るべきなのに」

とも言っていました。

日本の芸能界だけでなく、自動車にも詳しい建築家志望という大学生の長男は、「今イギリスの車を運転しているけど、日本車も欲しい。サウジアラビアでは誰も外を歩かないです。砂漠地帯で暑くて歩けないし」

と言うので、「弟さんは学校に行くときどうしているの?」と聞くと、「専属のドライバーがついています」との答えでした。

京都でのランチもやはりケンタッキー

錦市場を見学後、昼食は「やっぱりケンタッキーがいい!」と、中学生の次男が言いだしました。「京都にはケンタッキーは少ないんですよ」リムジンの運転手が三〇分以上も車を走らせて、ようやくたどり着きました。大きなバスケットをいくつか頼むと氏は私に、You eat two, ok?「あなたも二つ食べてね」と言っていましたが、その後もランチでチキンを食べるたび、同じセリフでした。

「日本のケンタッキーは本当においしい」

と言いながら、チキンをあっという間にたいらげていく家族を見ているだけで、幸せをおすそ分けしてもらった気分になりました。

三日目。最初は歌舞伎座で当日券を買い、幕間の三〇分だけ踊りを鑑賞。次に次男の希望で浦安のディズニーランドへ。長男はアメリカ資本のものを拒否し、自分で考えた末、一人でJRに乗って原宿と横浜へ。

平日なのでディズニーランドは比較的空いている方でした。入場件を買うとき、窓口で、「料金はいくらでも払いますから、待たずに乗れるよう交渉してください」と、日本で無理な話だといってもあきらめきれない様子でした。

スプラッシュ・マウンテンに乗りたいけど——並ぶのはNG

次男のモハメッドはスプラッシュ・マウンテンに乗りたがったのですが、「一〇〇分待ち」と言われると、アラブのプリンス風の次男は絶対に待たない主義なのか、すぐにその場を離れ、「二〇分待ちで乗れるものもあるから」と待つことを勧めてもNG。

パレードが始まったので、それを見て、すぐにホテルへ戻りました。

せっかくパスポートを買って入場したのに、滞在時間約三〇分。私の感覚ではお金と時間を使って何のためにディズニーランドへ行ったのかわかりません。が、この一家を見ていると一人一人が温かく、これが一家の日常的な自然な行動のようなのです。

そもそもサウジアラビアでは、列を作って待つという習慣はないのです。酷暑の中を行く先々で待たせてしまいましたが、一言も文句を言わず、いやな顔もしなかった彼らにはとても感謝しています。

最終日は鎌倉へ。大船で電車を乗り換えたときに二〇分近く待ったうえに、鎌倉駅に着くとそこはものすごい人だかり。どうやらアジサイの見物らしいのです。

とにかく大仏まで行かなくては、と今度はタクシー乗り場で待つはめになりました。

ようやく到着。大仏の前に立つと、だれもが感動して立ちすくむものなのです。ですが、「これはブロンズ製?」と一言聞かれただけ。

「大仏のなかに階段があって肩の所まで登れるんですよ」

と説明してもいっこうに興味を示しません。

蒸し暑い日でした。大仏の説明をしようと思っていた次の瞬間、もう兄弟は土産店でソフトクリームを食べていました。水分補給が必要なので、ミネラルウォーターを買って手渡すと、

「このミネラルウオーターがほしかった。日本語を読めないから選ぶのが難しい。自販機にはたくさんペットボトルが入っているから、選ぶのがたいへんです」

おいしそうに一気に飲み干しました。夫や子供たちが暑さにばててしまっているのに、夫人だけが大きな「iPad」で熱心に大仏の写真を撮っていたので、ときどき彼女を撮ってあげると、そのたびに素敵な笑顔で「サンキュー」と繰り返します。ベールで髪を覆って長袖を着ているのに、まったくクールな感じです。

電車の中で身をかがめて、子供たちの靴ひもを結んだり、夫にも気を遣ってかいがいしく尽くしていました。それでとても幸せそう……。

体をすっぽり包んでいる民族衣装がエキゾチックでナイスだというと、「家に帰るとすぐにベールを脱いで、あなたたちと同じ格好でくつろぐのよ」と楽しそうに打ち明けてくれました。

タクシーも渋滞だから「リキシャ」しかない

大仏から長谷寺まで歩くと、またすごい雑踏。ちょうど見頃のアジサイを見に来た観光客でした。ひとまずお寺に入り長谷観音の見学を終え境内に降りてくると、今度はさらに多くの群れ。暑さと人混みに圧倒された様子の次男を見て、

「ものすごく蒸し暑い。タクシーを待てない。人力車にしましょう。私は一人で乗るから三台呼んでください」

仕事で何度か来日しているS氏は、車も渋滞だと動かなくなるという日本の交通事情を察知していて、とっさに人力車がベストだと思ったようです。観光協会に電話して、紹介してもらったのが〝えびす屋〟でした。

鎌倉駅まで三〇分。俥夫はみな若くてイケメン。そしてとても感じがよい。初めて夫人の隣に座りましたが、それまで夫や息子たちの聞き役に徹していた夫人の英語が堪能なので驚きました。

「長男の希望でここに来ました。彼は漫画など日本文化に興味を持っています。夫が仕事の都合がついて空席があったので、急遽、日本行の飛行機に飛び乗ったのですよ」

六月といえばオフシーズンで、飛行機もホテルも春や秋よりはずっと取りやすい。あの日たまたま在宅していて電話を取ったのがきっかけで、毎日延長でこんなふうに、エキゾチックでミステリアスな家族と出会い、四日間も非日常的な体験ができたのでした。

改めてガイドという仕事をしていてよかったと思いました。

衣裳に合わせた色違いの巨大なリング

夫人は毎日、色違いの巨大なリングを左手の薬指に付けています。この日はサファイアで白のベールと濃紺の衣装によくあっているので、初めてリングのことにふれました。

「今日のリングの色は洋服の色にマッチして素敵ですね」

初めて会った日にはダイアモンドで、それからルビーの赤、そして今日はサファイアのブルーと、いつも違った色のリングをつけていました。本物だとしたら治安の面でどこに置いているのか、他人事ながら気になっていたのです。私のリングのコメントに夫人は左手を私の方に向け、いかにも嬉しそうな表情で、

「これは私の大好きなリングです。夫はとても気前がいいのですよ」

と答えていましたので、もちろん本物なのでしょうが、そのサイズは半端でない大きさです。太陽に映え、まばゆく輝くブルーサファイアの美しさ。快適な人力車内で、見事な宝石を鑑賞しながら、アイファ夫人と話した時間は、まるでアラビアンナイトの幻想的な夢の世界にタイムトリップしたかのようでした。

人力車は裏道を快適に進み駅に向かう途中、鎌倉最古といわれる甘縄神明神社の前でストップして、写真を撮ってくれました。三台の人力車に乗った五人の写真は、神社の背景とよくマッチしていて、とてもよい雰囲気を醸し出しています。皮肉にもこの三〇分がもっとも喜ばれたかもしれません。

駅に着くとS氏は俥夫、一人一人に二万円ずつチップを渡していましたが、これでは現金が

いくらあっても足りなくなるのではと案じられました。でも今日が最終日。銀座の交換所で大量にユーロを交換したとき付き添っただけに、余計な心配をしてしまいました。

あれだけチップを奮発する観光客はS氏が最初で最後でした。人を気遣うというS氏のあの類いまれな優しさは、何よりも家族を大事にするということからスタートしていたのだと思ったのでした。

エピソード5　マレーシア企業家―代表団

秋も深まる昨年の一〇月の末、中小企業大学校「東京校」に於いて開催される交流イベントに出席するため、マレーシアの企業の取締役や部長クラスの方々三三名と旅行会社の添乗員二名の総勢三五名が来日。三日間滞在するということでした。

私に通訳ガイドの要請があったのは、二日目の一〇月二八日だけのアテンドでしたが、いろいろなことがあって、とてもたった一日には思えない凝縮した日となりました。

その日の朝、浅草ビューホテルに到着し、マレーシアから訪れた企業のトップの人たちを見て、少なからず驚いたのは、その半数近くが女性だったこと。また彼女たちの半分くらいの人がモスレムらしく、頭からベールをかぶり、バジュクロンというカラフルで美しい民族衣装を身につけていました。

間違えてバスに詰まれたスーツケースの行方

朝八時半、交流イベント会場のある東大和市に向かって、快適な走行を続けていたとき、私のスマートフォンに浅草ビューホテルから電話が入りました。

「先ほどチェックアウトしたばかりの、こちらのお客様のスーツケースが見当たらないのです。いろいろ調べたところ、マレーシアのお客様の一人が、そのスーツケースをそちらのバスにお持ちになったことがわかりました。それは成田空港から今日の午後の便で、中国に帰る予定のお客様のスーツケースなので、途中どこかでチェックしていただけませんか？」

「大型バスなので、このままノンストップで目的地まで行かなければなりませんので」と伝えると、「それでは、そちらの方に当ホテルのスタッフが取りに行きますので、よろしくお願いします」ということになり、マレーシアから添乗してきた二人のツアーコンダクターにその旨を告げ、「ホテルのビデオカメラに、このグループの一人が、それをバスに乗せているのが映っていたそうです」とも伝えました。

そこで目的地に着くと、バスの運転手がスーツケースを取り出し、みなに引き取ってもらいました。やはり黒い大きなスーツケースが持ち主のないまま、一つだけポツンと放置されたのです。

結局のところ、我々のツアー客の一人が自分のものと間違えて、その中国人のスーツケースをバスに持ち込んだらしいのですが、マレーシア人の添乗員の男性二人は、その人物の名をけっして明かさず、ほかの人にも内々にというふうでした。

その後、はるばる浅草から追いかけてきたホテルのスタッフが到着してスーツケースを回収し、成田空港で待機している客のもとへ届けるため、車に乗り込みました。

この件の当事者を知ることができたのは、その日の夕方に開催されたパーティーの席上で、添乗員の男性が私に打ち明けました。

「明日東京で会合があるので、そこをこっそり抜け出して浅草のホテルまで、自分のスーツケースを取りに行くことになりました。このことは他の人たちには黙っていてください」と言うので、「どうしてですか?」と聞くと、

「大勢の人の前で恥をかかせることになるので、内密にしておいてあげたいのです」

「それはもちろん、大丈夫です」

客の尊厳を厳守するマレーシアのツアーコンダクター

企業家たちにとっては、些細なミスでもマイナスのイメージになるし、ツアーコンダクターも旅行会社の従業員という立場から、客の尊厳を守るということなのでしょう。

セミナーでは、マレーシア側の代表者のあいさつに始まり、企業の紹介やプレゼンテーション、日本側の出席者の紹介などが行われました。

そして夕方からは、同じ敷地内にある別の会場に移り、日本側が主催する交流会が開催されました。このパーティーは三日間の今回のツアーのハイライトともいえるもので、マレーシア人二人につき、日本人に通訳が一人つくということになっています。

「一〇人以上の通訳の方がお見えになります」

と主催者側の日本人が言ったように、パーティー会場はにわかに活況を呈し、エスニック料理店から届けられたハラール料理をはじめ、刺身やカルパッチョなど様々な料理がテーブルに並べられ、準備は完了。

「マレーシアの第一線で活躍されている方々が、日本人の出席者とビジネスの話をしたいということですので、パーティーはこちらでアレンジしました。高くつきますが、日本にとって重要なお客様ですので、これは特別です」

と担当者の女性は語っていました。最初に到着した通訳は、グレーの髪の上品な六〇歳前後の男性でした。控室で話すと、私と同じＪＧＡ（日本観光通訳協会）の会員だそうで、メールで直接応募したとのことでした。

交流会は一時間の予定でしたが、さらに伸びそうなので、夕食を予約してあるレストランに二度も電話を入れたものの、問題はバスの運転手の労働時間のこと。数年前から国の規制が厳しくなり、外国人観光バスの運転手の労働時間は原則として一三時間。最大でも一日一六時間までとなっているのです。この日の朝は八時三〇分にスタートしたので、午後九時三〇分には終了していなければなりません。

やむを得ず延長しなければならない場合は、三時間は伸ばせるのですが、予定終了時間の午後八時になってもパーティーはまだ宴もたけなわで、いつ終わるのか予測できない状況です。

マレーシアの二人のツアーコンダクターの男性が、

「遅延の時間に関して運転手さんと交渉したいので、間に入ってください」

と言ってきました。運転手はバスの中で仮眠中でしたが、とても静かな人で交渉の内容についてはどちらでもいいという素振り。

ツアーコンダクターの二人はとてもプロ意識が高く、

「このパーティーの後、レストランに行きます。食事が終わるのは一〇時半ごろになります。

延長分としていくらお支払いしたらよろしいですか？」

「一万円くらいが妥当ですね」

と私が答えると、ツアーコンダクターのお二人はそれでＯＫということに。

仮眠を終えてバスの外に待機中のドライバーに
「これからレストランに行って、食事が終わるのは一〇時半ごろになります。その分、一万円お支払したいそうですが。それでよろしいですか」

と聞くと、ドライバーはＯＫで、交渉は成立。


夜九時四〇分にパーティー会場から東大和駅前の「笑笑」に向かいました。バスで五分ほどでも、徒歩だと二〇分はかかります。もしバスの運転手が拒否すれば、最悪の場合、それぞれがタクシーで向かうか、または、私が徒歩で連れて行かなければなりませんでした。

二時間以上も遅れて到着したので、レストランの店内は閑散としていました。大きめの個室で食事をスタートしたのですが、コース料理を予約していたので、人手が足りず戦場のような騒ぎに……。

料理は四つのテーブルに次々と運ばれてくるのですが、ハラール料理としてオーダーしておいたサーモンとセロリのサラダまではよかったものの、一人三八〇〇円というコースなので、何品も押し寄せる料理に、客が混乱してきたのです。

「このチャーハンに入っているのは何の肉？」

「肉なしのチャーハンを作って」

「卵が入ってないチャーハンを頼んで」

「このタレにはアルコールが入っているの？」

とひっきりなしの質問や注文が殺到。その間、飲み物のオーダーも絶え間なく入ります。おまけに始め二人いた担当のスタッフが一人だけになってしまい、一〇時半までには全員を宿舎に戻さなければならないので、私が通訳とウエイトレスの役を買って出ました。

何と私たちの一行三七名は、たったの三〇分で食事を終了しました。満席のジェット機内でのミールサービスを終えたときのことが思い出され、久しぶりに充実感というか達成感を感じたのでした。

インド系の男性はどんな状況でもけっしてあきらめない

マレーシア人の二人のツアーコンダクターは、客である彼らとは同席せずに、ずっと見守っていました。料理は半分以上残っていましたので、私は彼らにも食事を楽しんでいただきたかったのですが、二人とも、常にそれぞれのテーブル席の一人一人がちゃんと食事をできるように配慮している様子。こんなときにでも、笑顔を絶やさずサービスしているのに感心しました。

居酒屋とはいえ、コースの料理を三〇分で終了したというのは前代未聞。この三〇分の間に一番対応に苦労したのが、インド系の男性でした。とても若く、二〇代の初めに見える彼は、「インターネットを使用したい。W・i-F・iを持ってきて」と多忙のウエイターに頼んだのです。ポカンとしているウエイターに私が、

「時間がないからその必要はないわ。スルーしてください」

「すぐホテルに戻りますから、そのときでよろしいでしょう」と彼に伝えても、

「いや、今すぐにチェックしたいものがあるから」と主張し、再び両手に皿を持ってサービス中のウエイターの方に近づき、あきらめる気配すらありません。仕方なく、ツアーコンダクターに頼んで無理だと説明してもらいました。たった一人のウエイターがてんてこ舞いで、あちこちのテーブルに皿を運び回っていて、水とかドリンク、アルコールの注文もあるのです。しかもその連れの同じテーブルにいたインド系の女性が、

「私のチャーハンには肉と卵が入っていたから、もう一度作り直すよう言ってください。それから私は豆腐しか食べられないので、もっと豆腐を持ってくるように頼んで」

と言ってきました。深紅のサリーに身を包んだ中年のインド系女性は、パーティーの席上でもひときわ目立っていて、カラフルな民族衣装を着たムスリム女性のなかでも圧倒的な存在感があったので、

「素敵なサリーですね。よくお似合いですよ」

といった会話も交わしていて、顔なじみになっていたのです。

「チャーハンができるのを待っている時間がないのですよ」

Ｗｉ‐Ｆｉを頼んだ男性同様、断られても少しも表情を変えず、インド人特有の首を振ってかわいい仕草をしていました。

この後二〇一六年に國土交通省の招待で来日した、インドの都市開発省の総裁はじめ五人の高官のリエゾンとして四日間アテンドしたことがありました。皆、上流というか大臣クラスで、彼らは国賓で来日中の四日間、やはり食事の件で気を遣いましたが、それよりも何よりも驚いたのは彼らの「粘り強さ」というかどうか、絶対に「譲歩しない」という不屈な断固たる精神でした。

団員の二人が最終日に、大阪のユニクロで買い物をしたときのこと。大臣クラスで政府の招待であれば、免税の対象から外されるわけですが、彼らは自分たちは「団長ではなく団員で来

日し観光も兼ねているので、免税の対象になるはず」と主張し、絶対に譲歩しなかったのでした。かなり長い間あきらめず、レジの前には長い行列ができ、とうとう店長が出てきて、例外的に免税ということになったのです。立派な身なりをした紳士的な二人でしたが、なぜ一時間近くもユニクロで頑張れたのか不思議ですが、やはり国民性というものでしょうか。

人種のるつぼのような国、マレーシア。食事もいろいろですが、とくにハラール食材には気を遣います。食事のたび彼らがよく発する言葉は、

「これはハラール食材ではない。私たちは豚肉やアルコール入りの食物は食しません」

イスラム教の観点からハラール食材といえば、すべてのムスリムが食べることを許可された食品のことです。酒、醤油はもちろん、みりんはお酒が入っているので、日本食はなかなか難しいのです。

今回の企業のトップにいる人たちは、朝やピックアップの時間はピタリと厳守。その反面、自己主張をする人が多いことに気付きました。特に女性がパワフルで、パーティー会場で話した三〇代の半ばの中国系の女性との会話は、とても興味深いものになりました。

「日本はどこへ行っても小さいものばかり。もううんざり。日本人は幸せそうに見えない。私はドイツが好きなの。清潔でゆったりとした〝時〟が流れている。あの感じは全然日本とは違うものよ。日本には侍が支配した封建社会がまだ存在している」

「あなたの国、マレーシアについてはどう思いますか？」
「とっても退屈！　海しか見えないんだから。そのうちにドイツに行くつもりよ」
「でもねえ。私、今いい仕事しているから当分無理かも。こう見えても私、この団員の中では一番の成功頭なのよ」

堂々とこんなセリフを口にできる人は白人女性でも滅多にいない。大吟醸をおいしそうに飲みながら威勢よくまくしたてます。もともとモスレム（ムスリム）が多いマレーシア人はアルコールを口にしないのです。彼女と同じテーブルの中国系の男性と彼女が、ただ二人だけ、食事中にアルコールをオーダーしていました。

一見、日本女性のように見えても、話し始めるとまったく別。威風堂々として存在感のある彼女は、欧米の女性よりずっと解放的でした。日本の感想も否定的なことを正直に話してくれた人は始めてだったので、彼女の率直な意見は大いに参考になりました。

マレー系が六〇パーセント、中国系が三〇パーセント、インド系は一〇パーセント、その他、少数の民族からなる多民族、多言語国家。女性の地位は、日本よりずっと高そうです。

たった一日のアテンドでも、いろいろな人たちに会って、充実感を味わったというか、多忙で変化に富んだ体験をしました。

ガイドの二人の紳士は、ご丁寧にも、

「チップを差し上げなくて、申し訳ありませんでした。明日もご一緒だと思っていたので、用意していなくて」

「心配しないでください。お気持ちだけで十分ですよ」

と言うと、ほっとした表情。二人とも日本人みたいに、私が乗るタクシーの前で、深々とお辞儀をし、別れを告げてくれました。

その日は、これまでの私のガイド経験の中で、もっとも長い一日になりました。研修会、パーティー、食事会と会場も目まぐるしく変わった忙しく長い一日は、やり甲斐があり充実感を感じた日となりました。特にあの「笑笑」での三〇分のウエイトレス体験は、我ナガラ「ガンバッタかな」と思えるのです。

エピソード6　堅実なニューヨーカー

ニューヨーク在住のN氏とは、JGAの検索サイトを通して何度もやり取りしました。そして、一日だけのガイドをすることになりました。彼のメールは、これまで経験した誰よりも要望が具体的で多岐にわたっていて、必要な情報、例えば家族一人一人の意見や趣味なども、こと細かく記述され、完璧といえるものでした。

アメリカ人家族ののプライベートガイドの仕事は極めて少ないし、七〇年代七年間もニューヨークに住んでいたので懐かしかったのですが、長いメールのやり取りだけでも五、六回。通例の観光名所とは違うものばかりをリクエストされたので、興味を持ったものの、下調べがたいへんでした。

引き受けてしまったものの、欧米人にありがちな権利意識が強いのではないか、どんなに厳しい人かと思い覚悟を決め、少々恐れてもいました。

待ち合わせの場所は、中目黒駅前のアトラスタワー。ロビーに頭髪のまったくない男性が現れたので、N氏の父親が加わったのかと思って慌てましたが、彼が五〇歳のご本人であり、彼の妻と娘二人を引き連れた家族旅行の統括者でした。日本には一〇日間いて、東京だけでなく京都や奈良も行く先に入っていますが、ガイドがつくのはこの一日だけ。インドネシアへ数週間滞在した後、関西空港に飛び、一週間関西地方を旅行する予定ということです。

一ヵ月の綿密な旅程を立てているので、相当難しい人と予想していたN氏は、素朴でとても感じのよい人でした。彼からニューヨークのコロンビア大学に勤務する職員だということをお聞きし、昔コロンビア大学に通っていたことがあるので、何かご縁を感じました。

この家族の希望は、一般の観光客とはまったく違っていました。

観光客が行くところは興味がない

ニューヨーカーがエンパイア・ステイトビルやタイムズ・スクウエアを、わざわざ好んで見に行かないように、

「東京では神社やお寺ではなく、身近な今の文化を体験したい。例えば私たちは、ギョーザ、そば、いろいろな丼を食べたい。妻と私は懐石料理を食べたいけど、少し高そう。上の娘はヴェジタリアンなので、肉は食べない」

というものでした。彼の妻も、ほかの観光客が行くところには興味がなく、

「時間が許せば、美術館に行きたいです」

一六歳の姉の方は、動物が大好き。

「家で猫を二匹飼っているの。フクロウカフェに行くのが楽しみ」

というわけで予約していた「アキバフクロウ」へ。

一人一時間で一五〇〇円。明るく清潔な店内に入ると、ペットボトルを一本ずつ渡され、白いユニホーム姿の若い男性が迎えてくれました。ほとんどが外国人の客のためか、英語が非常に堪能。この予約を入れるのに、かなり苦労したので、どうしてメールでしか予約できなかったのかという私の問いに、

「フクロウは電話が鳴ると、びっくりしてパニック状態になるので、予約はメールのみで受けています」

と答えました。なるほど。種類の異なる二〇数羽の大きさの違うフクロウを前にし、いろいろ説明してくれました。

「群れているとフクロウは安心するのか、おとなしいです」

「さあ、ご自由にフクロウに触れてください。一番好きなフクロウを選んだら、一緒の写真をお撮りします」

姉妹はフクロウに触りながら、次々と質問を浴びせていきます。

フクロウが閉じ込められていてかわいそう

「みんな、とても可愛いい、ふわふわしている。フクロウはどこから連れてこられたのですか？」

「ブリーダー（飼育者）を通して買っています」

「ここに閉じ込められていてかわいそう」

と悲しげに言う少女に、白いユニホームがよく似合うイケメン男性は、笑顔で答えました。

「公園に連れて行き、時々、飛ばしています。一緒に飛んですぐ元気になります」

姉は彼の言葉でやっと安心して明るく楽しげな様子になりました。

お気に入りのフクロウと共に

約一時間後、N氏一家の家族四人は、それぞれ好きなフクロウを選び、店員が手にのせてくれたフクロウとツーショット。おまけに家族四人と四匹のフクロウとも記念撮影してもらっていました。これには家族のみんなが大喜び。

「これは日本の最高のお土産よ」

日本には「フクロウカフェ」の他、「猫カフェ」「鳥カフェ」「ウサギカフェ」などがありますが、N夫人は、「アメリカでは衛生管理上、絶対にこういう種類の商売はできない」と言っていました。

フクロウカフェの後、秋葉原から池袋へ向かいました。一四歳の妹は、姉とは対照的な性格で極めて活発。アニメが大好きで、好物は餃子。超ミニのスカートにローカットのタンクトップという派手ないでたちで、なかなかの美少女ですが、要求もいっぱいです。

乙女通りのショップに入ると、さっそく父親に、「カラーコンタクトレンズが欲しいんだけど」

とねだっていましたが、処方箋のことでもめていました。母親が反対しそうなものは、父親にこっそり近づき、甘え口調で懐柔しようという作戦です。母親は、どちらかというと地味で堅実なタイプですが、娘たちには理解を示し、

「値段が高すぎるけれども、この年頃には何でも欲しがるの。私もそうだったけど」

と述懐していました。処方箋がないので結局買えないということになりましたが、五〇〇〇円もするものだったので、母親は内心ほっとした表情でした。

エコノミーの席に座るのは絶対にいやだからね！

この妹は父親に八つ当たりのつもりか、

「なんで今回の飛行機はエコノミークラスなの？　がっかりしたわ。明日のジャカルタ行もエコノミーなの？」

「貯めたポイントを去年、全部使い果たしたから、今回、ビジネスクラスはとれなかったんだよ」

「来年は絶対に家族四人、ビジネスクラスにするよ」

そんな会話のやり取りをしているのです。娘はたったの一四歳。父親は学校の事務職員で、

堅実な中流の家庭という感じ。毎年の家族四人の旅行のために、すべての財産を注ぎ、さらに努力を惜しまない誠意の人。他人事ながら、娘を甘やかすのもいい加減にした方がいいのではと思ってしまいましたが、

「この時期に、できるだけ娘たちの見聞を広げてやりたい」

という、子供たちには甘く優しく、妻には良き夫なのです。アメリカでは、夫婦そろってテレビ番組の『Tokyo Eye』や『Japanology Plus』を見ているのだそうで、今回の旅の情報も調べ尽くしていた感じです。

ナンジャタウンでギョーザを食べ尽くす

一四歳の娘の希望が、池袋の乙女ロードとサンシャインシティの中のナンジャタウン。あれほど飛行機の座席にこだわっていた彼女の日本における最大の目的は、なんとナンジャタウンのギョーザを食べ尽くすこと。ギョーザとアイスクリームが売り物のその店に入ると、彼女は動画を撮りまくっては、帰国後に友人に見せるためか、レポーターよろしく語っていました。

この家族は何か飲んだり食べたりするときは、いつもガイドの私を加えてくれて、とても友

好的で温かいものが伝わってきました。またこれまで、VIP相手の仕事が多い中で、一日中電車や地下鉄など、公共の乗り物を使ったのは初めてであり、N氏が家族のために、よく下調べをしていた勤勉さには、教えられることがたくさんありました。

実際にお会いする前は、私がニューヨークに住んでいたころに出会った、典型的な厳しいニューヨーカーを想像していたのですが、とても暖かい素敵な家族でした。

別れ際に夫人が、

「毎年夏の間、この二寝室あるマンハッタンのアパートを貸しています。またお会いしたいので、ニューヨークに来たら連絡してください」

と言い、リビングのソファで二匹の猫と戯れる娘たちの写真を見せてくれました。シェアハウスとして国際的に登録して貸してるだけあって、明るいおしゃれな内装でした。

いつかまた再会したいと思える、とても温かなファミリーでした。

エピソード7　地球の裏側からやってきたワガママ女王

二〇一六年の晩秋のある日、都内のホテルのコンシェルジュから「ボリビア人のお客様三人が一日東京ガイドを探していますので、お願いできますか?」との電話がありました。

日本は初めてということ。新宿御苑の紅葉を見て、ほかの所は直接会ってから相談したいとのことでした。

三人なので、タクシーも一台ですむし、それに何より初めての人に日本のことを説明するのは、とてもやりがいがあります。前日まで、ベトナムのツアーに同行し、現地のコンダクターがベトナム語で案内するのを一週間ずっと聞いていたので、ガイドらしき仕事をしたいと思っていたところでした。

「一〇時半から午後四時までの六時間、ガイドをお願いしたいのです。明日、ホテルのロビーでお会いして、プランを決めたいのです。空いている日は明日だけなので、その日のうちに観光とショッピングを済ませなくてはなりません」

観光に買い物に一日だけ、それも六時間というのはたいへんそうだけれど、電話で話したところ依頼主の英語がスペイン語の訛りがなく、わかりやすい英語を話すので意思の疎通は問題ないと判断。それに何よりも私が興味を持ったのはボリビアという国でした。

ボリビアは南米では最貧国の一つで、昔から空路も限られていたため、まだ行ったことのない国です。航空会社で南米路線を飛んでいたころも、機内でボリビア人乗客に会った記憶がなく、ほかの国々を旅していても一度もボリビア人に会ったことがありませんでした。私にとってボリビアは神秘に満ちた未知の国なのです。隣の国ペルーのマチュピチュとセットでウユニ塩湖を見に行く、日本からのツアーも多くなってきましたが、それもつい最近のこと。

一生に一度は見たい絶景といわれているウユニ塩湖はボリビアにあり、日本から直行便がないので、とにかく遠い国なのです。

そんな遠来の客に、紅葉がもっとも美しい秋の日本を楽しんでもらうのは、とてもガイド冥利に尽きること。最高の日本を見てもらいたい、そんな思いで、新高輪ホテルのロビーに向かいました。

約束の時間の一五分前にロビーに到着すると、女性が二人座っていました。前日電話で話したのは男性だったので、その二人連れの女性は関係がないと思っていましたが、二人はロビーに響きわたるくらいの大声で、何やらスペイン語らしき言葉で話しているので、目にとまります。

約束の時間の一〇時に五〇代の半ばくらいの男性がロビーに現れました。挨拶するとやはり昨日お話した依頼人のK氏でした。

「あそこに座っているのが、妻と彼女の友人です。国際会議に出席するため、ここに来ているので、まだ何か話し合っているようですね」

若い女性の方がボリビア代表で出席していて、K氏の夫人はその代表の女性の先輩で、二人はお互いに〝ドクター〟と呼びあっています。医師の国際会議に出席するらしく、どうやら夫は妻のかばん持ちでやってきたようなのです。

まず最初に新宿御苑に行くことになりました。駅から電車で行くか、ホテルからタクシーで行くか、どうするかになったとき、K氏が妻の承諾を得て、タクシーに乗ることになりました。タクシーだと一台ですむので、プライベートのガイドは三人までが都合がいいのです。人によってはスイカを買って全行程電車で行きたがる人も少なくないので、前もって確認する必要があります。最近はウオーキングツアーといって、歩いて観光をするツアーが増えてきています。普通二、三時間歩いて東京の名所を案内するのですが、ずっと歩いて観光します。明治神宮とか上野や浅草など好きなところを一ヵ所歩いて見学できるので、日本文化に興味を持っている外国人に人気があるようです。

新宿御苑はちょうど紅葉が見ごろでした。日本庭園ではカエデが真っ赤に紅葉しています。ちょうど見ごろを迎えていました。

「新宿御苑は明治時代に皇室の庭として江戸時代の大名の屋敷跡に創られました。秋の紅葉を楽しむには今が絶好の時期です」

と説明しましたが、二人ともたいして興味もなさそうで、ただ紅葉の写真を撮りたいらしく、何度も写真を撮ってと頼まれました。

　プラタナスの並木道を通り、イギリス庭園に入ると、今度は一面にカエデやイチョウ並木が広がっています。

「これはカエデの木です。カナダでは一番上等なメイプルシロップを作ります」

「皆様はボリビアから来られたと思ってましたが」

「ずっと前にトロントに住んでいました。紅葉する秋が、一番美しかったです。カナダのメイプルシロップはパンケーキにつけるととってもおいしい」とK氏。

　カナダに住んでいたので、英語が流暢なはずです。ふと、朝から夫人とは、まだ一言も話していないことに気が付きました。私が英語で何か説明すると、すぐ夫にスペイン語で何か二言三言話します。ドクターで国の代表だったら英語がわかるはずなのに、と思っていました。

　次の目的地である浅草には、ＪＲの千駄ヶ谷駅から浅草橋まで総武線で行き、駅から雷門までタクシーに乗ることにしました。駅に着くと、たまたま工事中でエスカレーター乗り場に行くつもりが、階段の方に来てしまいました。すぐに反対のへ方角に戻ったとき、急に夫人の表情が険しくなりました。次の瞬間、夫に大声で何かまくしたてています。

「妻は腰痛持ちなので、早く歩けませんし階段も登れません」

　と説明してくれました。駅で私が間違った方向に進んだことに対して怒っているのを、どうやら夫が繕ってくれた感じです。新宿御苑では誰よりも早く歩いていましたが。夫人の怒りの矛先は明らかに私に向けられていた感じでした。

わずか二〇秒くらい、歩いた方向を変えただけなので、ミスとは思っていなかったのですが、たぶん彼女のような完璧主義者は、ガイドは一歩でも間違えてはいけないと、許せなかったことなのかもしれません。

雷門から浅草寺に向かって歩いているとき、仲見世で試食できるものはすべてトライしてから、雷おこしのピーナッツ入りが美味しいということで一箱ゲット。浅草寺やスカイツリーの案内も一通り終わりました。朝スタートしてから四時間以上も経っているので、夫人の腰痛が心配になり、「どこかカフェでお休みましょうか」とサジェストすると、夫が、

「朝食を遅く食べましたのでまだ大丈夫。妻が今銀座に買い物に行きたがっています」

駅に行く途中にある雷門の前の浅草観光センターの八階に上って、景色を見ませんかと勧めると、夫が妻から得た答えは、

「妻がすぐに銀座に行って買い物をしたいということで、もう皇居も行かなくてもいいです」

銀座線の車内で隣に座ったK氏が、

「今晩女性たちを一番いいレストランに連れて行きたいのですが、どこがお勧めですか？　眺

めがよくて個室が希望で、妻は寿司を食べたいと言っています」

と言いながらあらかじめ調べてあったレストランのリストを見せてきました。三ページもプリントしてあり、妻においしいものを食べさせたいというK氏の熱意に感動。

東京中の有名店が並べられています。リストの中で、私が知っているお勧め店が数店舗ありました。「東京芝とうふ屋うかい」は豆腐料理で、「赤坂菊乃井」は懐石料理がメインになっているので、寿司が好きだったらやはり築地の「すしざんまい」の方がいいかも、あそこはお座敷もあるし、個室もあるのでなどと話していると、電車は銀座に到着。降りようとしたときには間に合わず、次の新橋で降り、ホームを換えて一駅戻るしかありません。


新橋駅で降りたときの夫人の態度には驚愕しました。何と「ホセ、ホセ」と夫を大声で呼びつけ物凄い剣幕でまくしたてたのです。身の丈六フィートもある夫人が夫を見下ろして、両手を広げ、黒のブーツをバタバタさせて地団駄を踏んで怒り狂う姿は、まるで駄々っ子のよう。突然大きな幼児が誕生し、ご機嫌斜めになって大騒ぎをしているといった感じでした。

千駄ヶ谷駅での二〇秒よりずっと長い一〇分間のロスは、子供のようにわがままな面をもつ夫人には、断じて許せなかったのでしょう。それも私たちが話していたことによるミスなのです。しきりに「一〇分損した」を繰り返す夫人に、夫は「ごめん、ごめん」とひたすら謝っています。いつものことで慣れっこになっているのでしょうか、傍らにいた友人が、またかといった表情で、笑顔を浮かべていたのがせめてもの救いでした。

そのときホームに居合わせた人たちは、何事かと思ったのか、興味津々といった感じで二人を眺めていました。腰痛があり、あまり歩けない人には到底見えないほど、パワフルな動作でまくしたて続けるこの夫人は、二〇年以上も海外で暮らした私が今まで会ったことのない類の女性でした。

究極のかかあ殿下なのか、それとも感情を爆発させるスペイン人の子孫だからなのか。一見するとほとんど白人に見え、ほかの血が入っている混血にはとうてい見えません。白磁のように白い肌で黒い革のジャケットを着て、タイトな黒のパンツとシックな黒のブーツを履いた長身の夫人の姿は、ただでさえ目立っています。新宿御苑に行くときに乗ったタクシーの運転手が「ロシアの女性ですか?」と聞いてきた位、珍しい風貌なのです。知的で、若いころはかなりの美人だったでしょう。今も、細面で氷のように冷たいまなざしと、長身でスリムな引き締まった体系の女性は、熟年ではなかなか見かけません。たぶん家では料理をしたことがないのか、白魚のような細く長い美しい手が印象的です。

ボリビアは中南米でも特に先住民の人口の比率が高く、白人が少ない国。南米のほぼ中央部に位置する内陸国で四〇〇〇メートル以上の山々に囲まれています。彼らが住んでいるラパスは標高三六五〇メートルの、世界でもっとも高所にある首都として知られています。

ウユニ塩湖に行くのには、ここからに空路で行くのが一般的だそうです。一度は行ってみたいという私に、K氏は一月から三月までがいいと教えてくれました。

「絶景を見たいなら一月から三月までの雨季に行くといいですよ。地球の反対側ですからボリビアは、とにかく日本から遠くて、私たちも一週間も経っているけど、時差でまだ疲れてますよ」

どこが陸地と空との境界線かわからないような、鏡のような絶景を見ることができるのは一年のうち、たった数ヵ月の雨季だけだとのこと。天空の鏡といわれ、一生に一度は見たい絶景だということなのです。ボリビアには豊かな天然資源があるのに貧しかったのですが、ウユニ塩原には大量のリチウムが埋蔵されているので、これから電気自動車などのリチウム需要が高まってくると、ボリビアの産業にもプラスになってくるのではと期待されているということ。

ウユニ塩湖はアンデス山脈が隆起した際に、大量の海水がそのまま山の上に残されて出来たものということでした。

夫人への気遣いは並大抵のものではありません。K氏が気の毒になったので、

「銀座でショッピングにもっと時間を使っても構いませんよ」

と言ったとたんに夫人の機嫌がよくなりました。

見た目はクールで落ち着いて貴婦人然としていますが、ラテン系の感情の激しい気性の持ち主で、あの新橋駅での態度も悪気はなかったのかもしれません。

銀座では三越の八階へ。朝スタートしてからもう五時間近く、こんなに長い間歩いたことはありません。タクシーや地下鉄内で少し座れましたが、ずっと休憩せず休みなく歩いたのは、ガイドになってから初めてのこと。ここでもお茶を勧めましたが、夫人がほかの店へ行きたいというので、そこから博品館へ向かいました。

中央通りを歩いている途中、K氏がトイレに行きたいというので、急いで近くのコアビルのトイレに。普通は女性がトイレに行きたがるのですが、彼女は全然トイレ休憩も必要なさそうで、夫を待たずに、すたすた歩いていきます。本当にマイペースな女性、連れの女性が気にしているのにおかまいなし……。

博品館では日本人形の種類も多く値段も手ごろで、希望の日本人形をゲット。夫人の表情も柔らかくなり、少し笑みも浮かんでいます。それもつかの間、彼が離れた売場で他のものを見ている最中でも、「ホセ、ホセ」とお構いなしに手前勝手なふるまいをするので、かかあ殿下を通りこして、もう何か夫が召使みたいな感じ。夫婦は一度どちらかが仕切りだすと、ずっとそうなるものなのでしょう。

ロングヘアーの連れの女性は、博品館で鼈甲のヘア飾りなど一〇点くらいの髪のリボンやピンをゲットして「全部日本製ですよ」と嬉しそうに見せてくれました。外国人観光客はどこの国の人でも、とにかく日本製の物を買いたがるのです。

何でも言うことを聞く義父を呼びつけ、「掃除して、ごみを捨てて」などとまくしたてていた義母を思い出します。夫が亡くなった後の三年間、九五歳で亡くなるまで、カリフォルニアの家に一人で住んでいました。運転しないと生活できないのですが、一度も事故などはなく、安全運転でした。いつも夫と暮らした日々を懐かしんでいたので、彼女は自分をかかあ殿下だとは思っていなかったようです。Mother Superior（修道院長）というあだ名がどうしてついたか不思議だと言っていました。

タクシーでホテルに到着した後、ロビーで椅子に腰かけている私たちの真ん前にちょこんと座った夫人は、K氏が私にガイド料金を支払う様子をじっと見つめていたのが印象的でした。まるで幼児のように凝視している夫人の姿は、ボリビアの山の中で暮らしてきた子供のように、好奇心が旺盛で、しかもそれが自然体で無邪気。感情をすぐに顔に出すのも、ラテン気質の故なのかと思い、急に親近感が湧くのと同時に新鮮な感じを受けました。

世界中に生活習慣の違う様々な人がいて、その国に行かずに日本に来てくれる人に直接触れ合い話ができる。こんな仕事は滅多にありません。一期一会のガイドの仕事のおもしろさを改めて感じた一日でした。

エピソード8　インドネシアの素晴らしい紳士と淑女

ＶＩＰ対応の旅行会社としてスタートしたばかりの会社から、三泊四日の東北旅行のガイドの依頼がありました。クライアントは、日本には何度も来ているというインドネシア人夫妻で、今回は三泊とも東北地方の温泉に泊まってゆっくりと日本情緒を楽しみたいということ。夏の暑い時期に東北地方での温泉ツアーというのは滅多にない話。大型台風が日本列島に上陸し、季節的に少々不安な時期でしたが、天候次第で、リムジンから新幹線に乗り換えることも可能ということでした。ホテルの予約は入っているけど、旅程はまったくフリーというこの種のツアーは、一度チャレンジしてみたかったので、二つ返事で引き受けました。

ツアー当日は前夜からの大雨の影響で、中央線が大幅に遅延。新宿駅で待機していたリムジンに乗り込んだときには、約束の時間に二〇分も遅れていました。不可抗力だしても、ガイドがいないのでは何も始まりません。何とも言えないばつの悪い思いいで、車に乗り込んで、後部

席に座っている二人に、

「本当に申し訳ありません。この台風の備えをしておくべきだったのに、電車が遅れたことは理由にもなりません」

と頭を下げながら一気に謝罪し、改めて後部座席の方を見ると、「ご心配はいりませんよ」というカップルの微笑みが返ってきました。

その瞬間に緊張がほぐれ、どれほど気持ちが癒されたことか。特に純白のドレスにさりげなく二連のパールのネックレスが似合っている、上品な中年女性には圧倒されました。まるでこれからパーティーに出かけるようないでたち。これほど美しい装いをした旅行者に出会ったのは初めてなので、いささか驚いてしまいました。


最初の目的地である日光へ到着したのが、ほぼ昼食時。ランチにはそばが食べたいということで、東照宮近くのお蕎麦屋に入ってざるそばを注文しました。はしの使い方はもちろん、日本の食べ物は何でも好きだというこのご夫妻は、年に二回は訪日するということ。三人の子供のうち息子が日本に、娘はアメリカに留学中。今回夏季休暇中の娘の留学先ロスに行く途中で、日本の東北地方の温泉に泊まり、日本食を楽しみたいということなのです。

「日本食が好きなので、福島と山形の温泉に行くことにしました。前回は九州に行って別府と湯布院に泊ったんですよ」

という位のリピーター。日本食と温泉が好きなので今回も三泊とも日本旅館に泊まることになっています。

東照宮に入る前に、

「東照宮は一六〇三年に日本を統一した徳川家康を祀っています。徳川時代は二六〇年以上も続きました」

「鎖国政策をしていたからですよね」

と夫人が言ったので、鎖国の時代にオランダ人が日本に入国できた理由は、スペインやポルトガルのようにキリスト教を布教する意図がなかったからだと説明し、オランダから送られた回転灯籠を案内しました。

「この回転灯籠はオランダから寄進されたものです。ほかの灯籠は日本中の大名から贈られたものです」

日本の敗戦を契機にオランダから独立したインドネシアは、スカルノ大統領が初代大統領に就任。世界四番目の人口を擁する資源国で、今後の経済発展が期待されています。国民の大多数がイスラム教で、多民族多宗教の国ですが、ご夫妻はクリスチャンだということ。日本と同じく環太平洋火山帯の上に位置し、活発な火山活動がつづいています。

「インドネシアへ行ったことはありますか」

と聞かれ浮かんだのは七〇年代にバリ島のデンパサール空港での出来事。日本から持参した雑誌がポルノに該当するのではと疑われ、深夜の空港で厳しい取り調べを受けたのです。母と一緒にバリ島での休暇を過ごすため、日本から週刊誌や雑誌を何冊も持ち込んでいました。婦人公論や週刊誌など、日本ではどこでも売られているものばかり。一刻も早くホテルのベッドで眠りたいのに、三人の係官が変わるがわる全部の雑誌に目を通して、結局そのうちの一冊が押収されました。

翌日ガイドに税関での出来事を話すと、「インドネシアは回教国なので、印刷物の取り調べが厳しいんです」とあっさり躱《かわ》されたことを話しました。

多民族で国民の大多数が回教（イスラム教）でも、アジアの富裕層は華僑が多いのですが、このご夫妻も夫人は多少ミックスしていても夫は中国系。アジアのほぼ中央部に位置し新幹線も敷かれ、今後の経済成長がもっとも期待されている国ですが、貧富の格差も拡大しています。

日光東照宮は陽明門、眠り猫など非常に見どころの多いところですが、二人がもっっとも興味を示したのは三猿の欄間でした。

「三猿のジェスチャーから〝見ざる、聞かざる、言わざる〟というのが理解できます」

八種類もの猿のパネルは、猿の誕生から成人するまでの人生を物語っているのですが、人間にもあてはまるのは興味深く、東照宮を案内するたびに人生論になります。

「陽明門は〝日暮の門〟と呼ばれています。〝日暮れまで一日中見ていても飽きない門〟という意味です。五〇〇以上の彫刻があります」

日光は日本のあらゆる観光地の中でももっとも見どころが多いところの一つです。時間が限られている場合、全部カバーすることは不可能です。眠り猫には、今回も入らなかったのですが、すでに二時間近くも経っています。そろそろ明るいうちに出発したいというドライバーからの電話で、後ろ髪を引かれるような思いで東照宮を後にしました。

車内で夫人が「ナポリを見てから死ね」と同じ表現があるというので、「日光を見るまでは結構というな」ですというと、彼女は、Can I say〝See Nikko and die ?〟（日光を見てから死ね）と返してきました。

視界が悪く何も見えない、いろは坂を上っていきます。

中禅寺湖へは、くねくねしたいろは坂を登っていくので、結構車酔いすることも多いのですが、今回のリムジンはトヨタのレクサスの大型で最新ＶＩＰ対応の車ということ。「台風の影響を心配して新宿周辺に前泊した」というドライバーは、地理に詳しく、いかにもプロという感じの頼れるタイプ。一応ＶＩＰ対応の会社に登録しているけれど、ほぼフリーで自分の好きな仕事を選んでいるという。大企業の脱サラ組でも、今はフリーで出来るこの仕事がとても楽しいと語っていました。

ドライバーとクライアントの両方に恵まれた環境で仕事をするのは滅多にないこと。

ドライバーは大幅に遅れた私を非難することもなく、さっぱりとした口調で「昨夜は新宿周辺のホテルに泊まりました」と前泊して今朝の仕事に臨んだことを聞いて、私とはやはりプロ意識が違うんだと、また反省する結果に。

「中禅寺湖は男体山の噴火で出来ました」と説明しながら、日本でもっとも高いところにある湖に到着したのに、中禅寺湖は姿を現してくれませんでした。雨も上がったので、かすかな期待をもってたどり着いたのにもかかわらず、ほとんど視界ゼロの華厳の滝も断念。

ホテルにチェックインするのにはまだ時間があったので、湖畔の旧英国大使館別荘の記念館公園にオープンしたばかりの別荘に向かいました。

この記念館には、一五〇年前に来日した英国外交官アーネスト・サトウの遺品が陳列されていました。

佐藤愛之助という名が日本名なのですが、彼は幕末の日本に通訳として来日し、西郷隆盛や勝海舟、坂本龍馬らの志士たちと幅広く交流し、江戸城の無血開城に貢献したイギリス人と言われています。

展示の中で目についたのは、サトウが海外から日本人妻の武田兼に送った五〇〇通にわたるるラブレター。それらの遺品を見ているうち、「子供たちはその後どうしたのか」ということが気がかりでしたが、それは夫人も同じで、特に日本人女性との間にできた子供の子孫のこと。息子が二人いて、一人はロンドンで学んだあと植物学者になって高山植物の研究をし、尾瀬の保護をしたことから〝尾瀬の父〟と言われていることを知りました。

幼馴染の男性と結婚し、三人の子供たちに恵まれて、現在幸せな結婚生活をしている夫人にすれば、サトウの別居生活はとても寂しい人生だったのではと同情していました。こんなにエレガントでゴージャスな彼女が、「子供は何人いてもよかった」と繰り返して語っていたのが印象的でした。インドネシアの人々はアジアの国の中でも、もっとも「家族」を大切にしているというのが伝わってきました。

通算二五年という長い間日本に滞在し、明治維新から数十年にわたって激動の日本を見届けたアーネスト・サトウ。英国大使館の見事な桜の木も、明治時代に公使だったアーネスト・サトウが植樹し、今は東京の桜の名所となっています。晩年は日本の古文書まで訳していたのですから、『源氏物語』を英訳した作家アーサー・ウェリーや、映画『ラストサムライ』の原案となった『高貴なる敗北─日本史の悲劇の英雄たち』の作者アイバン・モリスなどのイギリス人ジャパノロジストの先駆けとなった日本研究家だったということになります。

午後五時に宿泊先の「奥の院ほてるとく川」にチェックインした夫妻は、さっそく温泉に入り、その後夕食という日本人と同じパターン。部屋には露天風呂もついているので、夕食後も温泉、朝起きてからも温泉と何度も入るのだとか。

翌日の朝一〇時にホテルを出発。日光から会津に入り、鶴ヶ城を見学した後、大内宿へ。江戸時代の街並みを今に残すこの宿場町に一歩足を踏み入れると、

「『日本奥地紀行』を読んで以来、ずっとここに来たかったのですよ。次に日本に来るときは北海道へ行ってアイヌに会いたい」

「イザベラ・バードの最初の本は『The Englishwoman in America』です」と、感無量といった感じで話してくれました。

イザベラは東京から日光に入り、会津、大内宿、山形、そして北海道と三ヵ月かけて観て回り、明治初期の日本の貧しい農村やアイヌの生活などを記しています。日本で初めてのガイド

といわれる伊藤鶴吉を伴ってのこの旅で、彼女が書いた『日本奥地紀行』で〝伊藤は白粉を塗る〟という記述が印象的でした。日本人は醜いなどという毒舌の表現もさることながら、私には伊藤が白粉を塗るという記述が印象に残っています。

ノミ、シラミ、汚い、が続き、もう旅行をやめてしまおうかと思ったイザベラが、日光に入ると、自然の美しさに魅せられていきます。

三ヵ月間も一緒に旅したのが通訳兼従者として雇った伊藤鶴吉。それも何度も日本に来るたびに伊藤を雇ったのでした。若い日本人男性と中年のイギリス女性は二人とも独身だったのでお互いに合性はよかったはずです。イトウが彼女に対して抱いてたのは、憧憬ともいえるかすかな恋心だったのではないか、という説もあります。近年出版された『イトウの恋』という小説を読んだときに、彼が自分の肌を少しでも白く見せたくて白粉を塗っていたという記述がありました。いろいろ憶測されているようですが、ただの日焼け止めだったのかもしれないとの説もあります。

日が暮れる前に東山温泉の庄助の宿へ。滝の湯とも言われているように、滝が流れ落ちる様を見ながら入るお風呂が自慢の、創業一三〇余年の温泉宿です。

エレガントで優しさも持ち合わせている笑顔の素敵な夫人は、どこへ行っても人気。

顔は多少日本人に似ていても、スタイル抜群で身のこなしがまったく違います。特に人を引き付けたのは、夫人の完璧なファッション。世界のトップモードに身を包み、しかもそれに見合ったハイセンスのジュエリーを見事にコーディネートした長身の夫人が、エレガントな足取りで老舗ホテルに一歩足を踏み入れると、いっせいに人々の目が注がれました。

衣類がますますカジュアルな傾向になっている今日では、この種の洗練された優雅な雰囲気の女性は、もうあまり見かけなくなりました。しかも、いつも微笑みを絶やさない優しくリラックスした雰囲気が、彼女の魅力を一層引き立てています。格式のある老舗ホテルでサービスする人たちにとっても、こういったお客はもっとも理想的な部類に入るのではないかと思います。スタッフの誰もが彼女を歓迎していることが感じ取れました。まさに外見も中身も淑女の中の淑女といえる女性でした。

チェックインしたときに部屋まで案内してくれた若い女性スタッフが、「どこの国の方ですか？　こんなに素敵な女性にはなかなかお会いしないので」と聞いてきましたが、土産屋でもレストランでもどこに行っても皆、夫人の国籍に興味津々。女性はいくつになっても美しく装うことが大切なのだと、改めて実感しました。

一方ご主人は温顔な感じで、「Everybody likes your wife」と伝えると、軽く笑みを浮かべ返すだけの寡黙な紳士ですが、かなりの存在感はあります。日本食の買い出しはシンガポールへ、エステサロンはバンコクへ、そしてオーストラリアに週末の休暇で飛ぶたびに、それぞれ専用の運転手が空港で待機していると言っていましたので、かなりのセレブなのでしょう。美しい夫人の存在もかなりビジネスでプラスになっているのではと思い、何のビジネスか興味がありましたが、どんな状況でも、ガイドはけっしてプライベートな質問はしないことが鉄則なのです。

翌日は朝一〇時過ぎのスタートで川口観光果樹園へ。イザベラ・バードがアジアの桃源郷と褒めたたえた米沢平野にあります。サクランボを試食するのが目的でしたが、数日前に収穫は終えていたので、もぎたての桃やスイカを試食。りんごやナシなど多種多様な果物がたわわに実るこの盆地はまさに桃源郷。あらゆる果実の木々がある果樹園は絶好のシャッターチャンスでもあります。フルーツの木々を背景にたくさん写真を撮りました。

数日前に安倍首相がサクランボを試食に来たという農園でしたが、サクランボは収穫が終わり、代わりにもぎたての桃を試食しました。あまりのおいしさに感動した夫妻は、息子にお土産にということで、大きな箱に入るだけたくさん買っていました。

ケネディ大統領がもっとも尊敬したといわれているのが、江戸時代の米沢藩を立て直した上杉鷹山藩主。この上杉鷹山のことに触れると、夫妻は非常に興味を示したので、内村鑑三が書いた本で英文に翻訳された Representative Men of Japan『代表的日本人』を紹介しました。日本食と温泉が好きというだけでなく、ご夫妻はかなりの読書家で、グローバルな視点で物事を考えられる、真の意味での国際人のようです。

立石寺に着いたのは四時過ぎ。ヒールのあるドレッシーな靴を履いているため、観光地につくと、いつもエレベーターを探していた夫人ですが、さすがにここにはありません。もともと千段以上もある階段を登り切るのは無理なので、山門まで行くと、まず日技神社の境内にあるイチョウの巨木に圧倒されます。重要文化財である根本中堂をはじめ、松尾芭蕉とその弟子の像もあり、登山口周辺だけでもかなり見どころはあります。芭蕉が詠んだ名句、

「閑さや岩にしみ入る蟬の声」

のまったくそのままの世界で、静かな澄んだ境内で蟬の声が聞こえてきます。

「蟬の声が聞こえてきていいところですね。この辺りを歩いただけで十分パワーを感じます」

暗くなる前にかみのやま温泉の古窯旅館にチェックイン。最後の温泉宿を楽しんだはずだったのですが、翌日の朝、チェックアウト時に部屋の様子を聞いてみると、

「将軍か侍にでもなった気分でした。部屋がとっても大きくて」

と将軍が謁見してもおかしくないほど広かった、ということをユーモアたっぷりに語ってい

ました。とにかく部屋が広すぎ東山温泉の滝の湯ように落ち着かなかったということ。でも、けっして文句は言わず、さらっとユーモアにしてしまうところがさすがで、改めて器の大きさを感じました。

鷹山が財政の立て直しの一環として奨励したシルクにも興味を示し、山形県の県花であるベニバナの工房を見学に。工房を見学したあとは、数日後渡米した後ロスで出席するパーティー用にと、大判のシルクのスカーフを買い帰路に着きました。新幹線に乗るには贈り物やおみやげなどで荷物が増えてしまったので、そのままリムジンで帰ることにしました。

帰る途中、福島原発にもっとも近い場所まで行ってみたいという夫妻の希望で、近くにあるレストランに入りランチを食べながら、

「放射線量はチェックされているから、何でも大丈夫なのですよね」

と言っていました。

今回の旅行で感じたことは、ご夫妻が常にドライバーを気にかけていたこと。ランチに行くたびに「四人が揃うまで待ちましょう」と言う夫人に、「駐車するのに時間がかかるので」と運転手が遠慮しても、「一人で食事するのはいけませんよ」といつも待ってくれたことに、ご夫妻の優しさを感じました。

十数年前にスマトラ沖地震で発生した津波でインドネシアでは、二〇万人以上がなくなっているので、日本の福島の原発事故も他人事ではないのでしょう。

「私たちがここに来て、彼らと同じものを食べることで励ますことができます」

津波や原発の話でムードが暗くなりかけたとき、夫人は、

「北海道で発見された男の子がいましたね。あのニュースを見て、本当にうれしかった。あの子はとても賢い子だわ」

北海道の自衛隊の施設で救出された男の子の話題は、インドネシアでも連日報道されたそうで、この話になると、四人ともハッピーな気持ちになり、改めて夫人の話術の巧みさというか、これはやはり社交界で場を積んでいる人だからこそできる、話術の達人だと思いました。

ガイドとして行った初めての東北旅行は、時代や国境を超えた〝人と人の人間の触れ合い〟の大切さをしみじみと感じ取れた心豊かな旅となりました。

第五章

ＶＩＰってどんな人

三月の下旬の午後、「明日、東京のガイドを一日お願いできますか」という電話が旅行会社からありました。

「六人ですと難しいですね。タクシーも二台になりますし」と断りかけたとき、その女性は、「VIPのお客様でペニンシュラホテルからリムジンでご出発されます」

毎日パソコンに向かってばかりいて、少々デスクワークにも疲れてきていたときだったので、このピークシーズンに誰かの役に立てばうれしいし、これもめぐりあわせと思い、引き受けることにしました。

「社長と英語でお話ししていただけますか?」ということになり、次のような会話になりました。

「あなたのことを話してください」で始まった質問はまだまだまして……。

「専攻は何でしたか? 修士号をお持ちですよね。いつ飛び始めたのですか? 何年飛びましたか?」「日本に帰国後は何をされましたか?」

これらの質問に対して私は、こう答えました。

「今まで多くのことをしてきました。ガイドの免許はずっと前に取得しましたが、本の執筆や語学教育などに集中していましたので、数年前から始めました」

「美術館でおもしろいのは？　いい展示をしている美術館をご存知ですか？」

「展示に関しては、よく存じておりませんが」

「知らないんですか？」

「昨日たまたま根津美術館のお茶会に行ってきました。でも、ほとんどの観光客は美術館には行かないので、どのようなものが展示中であるかは詳しくありません」

「それはガイド中に話し合っていただければいいですよ」と言われたので、「それで結構です」と答えました。すると、

「ＶＩＰのお客様は自家用ジェット機で到着されました。メキシコ人の家族でテレビ会社の社長です。可能な限り最善のサービスを提供したいのです。英文の履歴書を送ってください」

　いくらＶＩＰでも、たった一日の仕事に、こんなに気を遣っていろいろ質問をしてくるとは。まるで就職の面接試験を受けている感じでした。加えて履歴書の提出。

　その電話の後、「急なリクエストに対応していただきありがとうございます」というメールとともにツアーの行程が英文で送られてきました。

　森美術館と原美術館以外は代官山や原宿のショッピングがメインの日程で、男の子が三人、女の子が一人の六人家族。一時間くらいかけて原宿や代官山のショップの確認をしてから、「明

日の九時にホテルのロビーでお待ちしております」というメールを入れ、夕食をとりました。

夕食後、またメールが入っていて、今までのガイドの経歴書の添付、明日の場所で今まで行っていなかったところがどこかあったら教えてくださいとのこと。やれやれ一件落着と思っていたのに……。

たった一日のガイドで、リムジンがつくのに、VIP客にはなぜ、こんなにも気を遣うのか、少々不思議な感じでした。

ガイド仲間にもVIPしか受けないという人も少なくありません。でも私はいろんな人と会いたいし、体調が許せば大勢の人たちと一週間くらい一緒にまわれる一般の観光バスが、とてもやりがいがあると思っています。

この春のもっとも多忙な時期に、私はガイドの仕事を絶って原稿執筆に追われていましたが、たった一日だけということだったので受けたのです。いつも最終で、ぎりぎりの仕事を引き受けていたので、ガイドが見つからず困っていた旅行会社やホテルの担当者から感謝されていたからです。

電話が鳴りました。その日三回目の電話です。午後八時半でした。

「明日の仕事がキャンセルになりました。また今後のためにガイドの経歴書もお送りください」

今まで個人、団体、ビジネスツアーなど、いろいろな仕事をしてきましたが、こんなに多くの書類を添付したことはありませんでした。

「大手の旅行会社にもいくつか登録していますけれども……」と書類提出をお断りしたくてやんわりそう言うと、

「今回は突然のキャンセルでたいへん失礼しました。でも今後のために、ガイドの経歴書をお送りください」

（日本にこんなに多くの旅行会社があるのだから、外国人が経営する会社で働く気は毛頭ありません）と言いたいところだったのですが……。

昨年はアメリカの大手旅行会社の幹部にならないかと、何度も要請の電話がかかり、メールがあったりして、かなりの時間を無駄にしてしまいました。始めから断ればよかったのですが、好奇心に駆られ、優柔不断な結果となってしまいました。

数千万人の観光客到来という日本の観光業界をめがけて、海外からも多くの旅行会社や外国人が日本のこの業界に進出をはかっているようです。インド人やオーストラリア人、カナダ人などからも、これから一緒にビジネスを始めないかとか、中にはガイドになりたいから勉強法を教えてなどといった電話もありました。

たった一日の仕事のために、何度もメールや電話で対応して、英文と、しかも下調べをした後も、和文のレジュメやら経歴書を何度も添付したばかりだというのに、数時間後にキャンセルとは、今まで経験したことがありません。たった一日のガイドのためにレジュメを送ったのも初めてでした。

実際、リムジン（ＴＭ Ｌ・ｉｎｅ）はハイエースグランドキャビンの詳細など送ってきているのに、数時間後にキャンセルするとは。ＶＩＰとはそこまでわがままなのでしょうか。お金でなんでもキャンセルできるという考えは、ＶＩＰならではのことなのかもしれません。すでに翌日の準備をしている最中だったので、夕食の予約などもしてあったのに、キャンセルはありえないこと。

「こんなにぎりぎりのキャンセルがあるのですか」

という問いには答えずじまい。

このキャンセルが本当にお客サイドからだされたものだったのか、または他に別のガイドが見つかったのか、真相はいまだにミステリー。履歴書を添付した後の出来事だっただけに、後味の悪い結果になりました。

「ＶＩＰ」と一口に言うけれど

この後、河口湖にプライベートガイドをしたときのこと。若いカップルのハネムーントリップだったのですが、ＶＩＰ気取りの若いアメリカ人カップルは、「新婚旅行一〇ヵ月目で世界中を回っている。日本が最終旅行地で、ずっとファーストクラスで旅行してきた」「これから宇宙旅行の予約をする予定」と豪語していました。最近はファーストクラスのないフライトも多いし、初めから半分以上本気にしていなかったのですが、ＶＩＰと名乗る割にはホテルも新宿の歌舞伎町のラブホテル街の真ん中で、彼らがリムジン付きのガイドを雇えたことも不思議に思ったくらい。こちらが説明するたびにスマホで間違いがあるかどうかをチェックしていて、虚言癖のあるこの三〇歳前後に見える若いカップルは、まさにネット時代の典型のような新人類でした。

ニューヨーク大学で学び、今はモスクワに住んでいると言っていましたが、このツアーをアレンジした担当者には、フロリダ州に住んでいると言っていたそうです。

ただ、この観光業界では、こんなにもＶＩＰに気を遣うということを、まざまざと肌で感じただけでも、興味があることではありましたが。

実際ＶＩＰと名乗っていてもそうではなくて、本当のＶＩＰは目立たないように、ひっそり旅行している場合も少なくありません。

私が現役のスチュワーデスだったころ、香港から東京行のフライトに乗務したとき、ケネディ大統領の未亡人、ジャックリーン・オナシスと乗り合わせたのですが、彼女はエコノミークラスでした。短距離だったので、ファーストクラスに乗って目立つより、空席の多いエコノミーの方が気楽だったのかもしれません。食事もとらず、人目を避けるようにして読書をしていました。同じころ彼女がジャンボ機のアッパーデッキ（二階席）を買い占め、ベッドを運び込んで旅行していたという話を同僚から聞いたばかりだったのですが、彼女ほどの有名人になると、ＶＩＰとして至れり尽くせりのサービスを受けるよりは、たまには人目を避けて過ごしたいと思うのでしょう。

もう一人忘れられないのは、ハリウッドスターのカーク・ダグラス。まだジャンボ機が就航する前の六〇年代の終わり。ロサンジェルス―東京間のフライトでご一緒しました。底抜けに明るく、愉快な好人物で、トレード・マークのあご先の分かれたところまでスクリーンのまま。

「東京についたら、こいつを案内してやってもらえないかなー」

などと、ずっと冗談を言いながら、気軽に話してくれました。隣の席でニコニコ笑っていた大きな目が印象的だった息子さんは、当時映画の修業中だったマイケル・ダグラス。この数年後には、ジャック・ニコルソン主演の『カッコーの巣の上で』を制作してアカデミー賞に輝くプロデューサーとして脚光を浴びました。

カーク・ダグラスは食事を終えると、

「横になりたい。後ろの方に空席がたくさんあるようだから」

と言って三席続いたエコノミーの座席に移り、東京に到着する寸前までの数時間、横になって休んでいました。

まだジャンボ機が就航する前の機内は、ファーストクラスとエコノミークラスしかなく、すべての乗客がＶＩＰだったような気がします。

ジャンボ機が就航すると大量輸送の時代を迎え、空の旅は一変しました。ビジネスクラスができ、乗客もどっと増えました。それでも、ジャンボ機の二階がダイニングルームとして使われているうちはよかったのですが、そのうちにそれが客席になると、空の旅はまったく大衆化されてしまいました。

ジャンボ機はＢ‐29を改良して造られたＣ‐97ストラトクルーザーを模して設計されています。空飛ぶホテルといわれた、この二段デッキの旅客機内には、ラウンジやバー、それにベッドなどが設けられていました。ストラトクルーザーとは、一九四九年パンナム黄金時代直前に導入された超デラックスな機材です。

初期のジャンボ機には、二階の操縦室の後部に、応接室風のスペースが設けられ、らせん形の階段で、下の一般用キャビンとつながっていました。フライト中はラウンジとして乗客やクルーに解放されていました。

アメリカ合衆国建国二〇〇年に当たる一九七六年、747SP、〝クリッパー200リバティベル〟が四六時間で世界一周をしたのですが、その記念行事の一環としてローマ法王に面会に行くという、著名な作家ジェームス・ミッチェナー一行八人の使節団と、ニューヨークからローマまでのフライトに乗り合わせました。彼らは、二つのダイニングテーブルを囲んで賑やかに話を弾ませ、サービスに当たった私にも何かと話しかけてきて、機内は活気にあふれていました。

この年を境に、パンナムの華やかなイベントは激減していったような気がします。一九七八年に航空規制緩和政策が実施され、空が自由化されると格安航空券が出回り、急変した航空業界。それを誰よりも感じていたのが三〇年以上続いたTBSの紀行番組『兼高かおる世界の旅』で地球を一八〇周した兼高かおるでしょう。

「徹夜で仕事をしてパンナムに乗り、機内で夕食。南回りの世界一周便の場合、寝て起きると、朝食をいただきとても楽しかった。誕生日にはケーキが出る。エーゲ海の上空でバースディケーキを出してもらったり……。こんなぜいたくなことってあるのかと思うくらい、いい時期でした。パンナムだけでなく、世界がすべていい時代でした。飛行機の中はソサイアティ（社交）の場だったのです。乗客はみな仲良くなって、とにかく機内は楽しい場所だった。今は、隣に座っている人と、何時間も降りるまで口をききませんからね」

拙著『消滅─空の帝国「パンナム」の興亡』（講談社）の取材で、九〇年代にアメリカンクラブでインタビューしたときの彼女の言葉からも、空の旅が激変したことを実感させられます。

この紀行番組が始まった一九五九年の海外出国数は、年間一〇万人未満。二〇一五年は一六二一万人で、一六〇倍以上も増加。それ以上に増加したのが、海外からの訪日外国人旅行者数です。

それに応じてＶＩＰ対応のツアーなども増えていくのでしょうが、実際ＶＩＰと限定するのはかなり難しいことだと思います。

数年前、物価の安いメキシコに住んで切り詰めた生活をして、一年に一回だけ豪華なツアーをしているという、六〇代後半のアメリカ人女性観光客にも出会いました。元教師だったという彼女は、年金生活になって以来一〇年、高齢者を対象にした数週間のツアーに参加して、世界中を旅しているということ。ツアーの数日前に日本に到着し、ツアーに含まれていない鎌倉を案内したのですが、彼女の知識の豊富なことには驚きました。

車も持たず、空港にはＵｂｅｒ（ウェブサイトでの配車アプリ）を呼んで節約し、五〇万円近くの旅費を捻出していると言っていました。

観光業界では「ＶＩＰ」は一般のツアーより、豪華なツアーをする人を意味するようで、何かとよく使われる言葉です。一年に一回だけＶＩＰになりたいという人は結構、夢を追い求め、旅をする人の中では少なくないようなのです。今、いろいろ格差の問題が提起されています。海外から日本に来る観光客の格差も広がっています。

これからのガイドは、それぞれの予算で、ベストなプランを見つけ出して、案内することが要求されていくのでしょう。

第六章

ガイドの醍醐味

オリンピック出場を目指す柔道着の少女

日本政府観光局の発表によれば、二〇一五年の訪日外国人観光客数は前年度の四七パーセント増の一九七四万人、そして二〇一六年の一〇月末には二〇〇〇万人を超えました。政府は二〇二〇年に訪日客を四〇〇〇万人に増やす目標を掲げていました。

ガイドの仕事も旅行会社から依頼される団体バスの通訳ガイド、ビジネスマンの企業訪問通訳、それにプライベートのガイドなどいろいろあります。

プライベートのガイドをしてみて気が付いたことは、欧米人よりも中近東、アジア、ロシア、南米などの国々の人が多かったということ。かなりの富裕層で、それぞれ自国では相当なエリートとされる人々です。たいていはホテルからリムジンを雇って出発します。ときにはホテルからタクシーで出かけることも。お決まりの観光地に連れて行くのと違い、どこを案内すれば喜ばれるか、まず、客のニーズを掌握してからドライバーに告げ、移動することになります。

車いすでも可能な世界一周旅行

七年間でいろいろな仕事をしてきました。どれが良かったですか?とよく聞かれます。それぞれ違うので一概に言えませんが、私がもっともやりがいを感じたのは車いすの女性を案内したことだったと思います。

七〇歳前後の二組のアメリカ人ご夫妻四人を晴海ふ頭から、車いす対応の車で半日東京を案内。四人が大型クルーズ船で六〇日間世界旅行の途中に長崎や神戸などの港に立ち寄って、最後に寄港したのが晴海でした。日本での最後の滞在中の半日の東京の通訳ガイドを依頼されたのです。

障害のある方のガイドは初めてだったので、少々心配でもありましたが、ふ頭で初めて四人に会った瞬間から、よい感触で親しみを覚えました。特に車いすの女性は非常に知的で好奇心が旺盛で、日本および世界の地理歴史を熟知していて、車いすを押しながら、ずっと彼女と同じ目線で会話を交わすことができました。浅草で予約してあったレストランが車いす対応ではなかったのですが、小雨が降る中、すぐ近くの店に入り、天ぷら定食を注文。ランチをあきらめ船に戻ると言っていたときにとった、このとっさの行動が喜ばれたのか、

「ランチをあきらめていたところ、彼女が素早く対応し、連れていってくれた小さな食堂は素晴らしかった。そこで食べた天ぷらは今まででもっともおいしかった」

といった内容の感謝のメールが旅行会社を通して送られてきました。何日間一緒でも帰国してから感謝のメールを書いてくれることは滅多にないこと。たった数時間のガイドだったのに、不自由な体で、ツアーの詳細をしたためたメールを送ってくれた女性に、感謝の気持ちでいっぱいになりました。

カナダからやってきたアニメオタクたち

ユニークだったのは日本の漫画研究にやってきたカナダ人の学生三人。ＪＧＡのサイトを通して次のようなメールが入りました。

「カナダのモントリオールの学生三人が一月一九日から二九日まで、学期の最終テーマとして日本の漫画やアニメといったオタク文化について研究するため来日予定。秋葉原と池袋でインタビューし、ガイド料金は半日五千円しか支払えないけど、ランチの費用は出ます」といった内容のE-mailのやり取りをした後、「四日間は難しいけれども、二日間なら大丈夫」ということで引き受けました。

少年たちの熱意にほだされたうえに、日本のアニメが外国の学生たちにどのように理解され、学科として認められているのかということに興味を持ちました。三人とも未成年なので、学校側から一人付き添いの男性が同行。

初日は池袋のアニメート本店でインタビュー。近くのプリンスホテルのロビーで待ち合わせました。どっしりとした体格の四〇歳位の男性に付き添われた三人は、高校三年生にしては子供っぽくて、中学生のよう。カナダでは日本と学制が違い、高校三年生でもまだ一六歳とのことで納得がいきました。

「カナダやフランス以外ではアニメは大学の教科としては認められていない」

アニメはカナダでは学科の一つとして認められているということ。モントリオールはケベック州でフランス語圏なのでパリの影響を受け、漫画やアニメなどの日本のグッズや雑誌を売っている店もあるということを知りました。普段から漫画が大好きなアニメオタクの三人は、学期中の二週間、東京行を決行しての取材開始となったのでした。

初日は池袋での街頭インタビューを開始。三人のうち一番子供っぽい中国系の男の子がビデオカメラ担当。イケメンのフランス系の子がインタビュー、背が高いアラブ系の男の子はプロデューサー役を分担し、チームワークが抜群。学科の一つとしてアニメの成果を発表し、しかも単位として認められているですから、意気込みが違います。

「どの漫画またはアニメが好きですか？」

「あなたはアニメのファンですか？　それともオタクですか？」

「アニメは社会から受け入れられ、経済的に貢献していると思いますか？」

池袋のアニメートの前にいるのは女性が多く、一〇数人のうちほぼ全員がインタビューに応じてくれました。ただ一人NGだった女高生は学校の方針で難しいとのこと。アニメやマンガ好きの子はハッピーなのか、みな一様に自分たちはオタクでなく、ファンだということを強調。そして全員が「今ではオタクは社会に受け入れられカルチャーになっていて、経済的にも貢献している」というポジティブな返事が返ってきました。皆一様に『おそ松さん』がお気に入りのアニメということ。六つ子の男児が繰り広げるドタバタ劇に腹を抱えて笑い、〝シェー〟のポーズが大流行して『おそ松くん』から半世紀たってリメークされました。若い女性たちが夢中なそのキャラは個性的で、彼らが繰り広げる恋愛劇や人情話が乙女のハートをつかんでいるよう。ギャグと落ちこぼれの男の子たちに、彼女たちの創造の翼を広げてくれることが魅力らしいのです。

次の日、秋葉原でのインタビューは、ＵＤＸビルの四階のアニメセンターでの前で決行しました。アニメ、漫画、コスプレなどのサブカルチャー系の品々を販売しているこの大型店舗の前で、限定グッズや新刊の雑誌などを買うため並んでいる人たちに突撃インタビューをしました。アイドルが来ているわけでもないのに、単に展示室に入るために整然と並んでいる男子オタクにカナダの少年たちは感心していました。

「カナダでもこの種の店はあるけど、もっと小さくてこんなに商品は多くない。店に入るためにお客が並んで待っているのには驚いた」

若い男の子たちだけでなく、きちんとした身なりの中年の男性も全員インタビューに応じてくれました。なかには三人の少年たちと一緒に写真を撮ったり、握手を交わしたりという人たちもいて和気あいあいムード。国境を超え、アニメ愛好家たちはすぐに友達になれるようです。

アニメの本場、秋葉原にやってくる男性は、いろいろなアニメや漫画を熟知していて、非常に知識が豊富。自分たちがアニメオタクだと公言する人も何人かいました。好きなマンガは『あしたのジョー』が一番多く、次がカナダ人学生たちも大好きな『はだしのゲン』、そして『鉄腕アトム』など。もっともオタクっぽい男性が『エヴァンゲリオン』のファンでした。

秋葉原男子の方が、池袋女子よりも、ずっとオタクで、好きな漫画やアニメも多岐にわたっているのは興味深いことでした。

インタビューの後、三人の少年たちを上野に案内しました。国立博物館の前に来ると、中国系の男の子が童顔に笑みを浮かべ、

「ここにはお父さんと一〇年前に来たんだ。これは国立博物館ですよね？」

「そうです。まだ入れますよ。私はここで失礼しますけど、楽しんでね」

と言うと、フランス系のイケメン君が、

「プレゼントがあるんだ。安い料金で仕事を受けてくれてありがとう」

と言ってリュックからきれいな箱に入ったものを取りだしました。かなり重いので何だと思ったら、カナダのメープルシロップでした。「ギャラが安いからランチをおごる」ということだったので、秋葉原でランチをして、それで十分だったのに……。こんなに重いものをイン

タビューしている間もずっと背負っていたのかと思うと、少しイケメン君が可哀想になり、気の毒な思いがしました。同時に、この若さでこのルックスのよさで、こんなに気遣いがあるのにはすっかり感心してしまいました。

「また絶対に日本にくる。そのときは日本語を勉強してくるつもり」

と宣言し、三人は上野の森へ消えていきました。

女性画家の和紙への思い入れ

ロンドンから訪日したイギリス人の女性アーティストは、夫がイギリス政府の要人で、安倍首相に女性問題で進言するために来日した夫に同行。その半月前頃、ロンドンから秘書が電話で、「日本の和紙に興味がありますので、よろしく」との依頼がありました。

あらかじめチェックしていた日本橋、銀座、神楽坂の和紙問屋や専門店など見て歩いたのですが、彼女がもっとも感動したのは鳩居堂の和紙。店に入るなり、Oh, lovely ! を連発しながら、いろいろなサイズの和紙をゲット。ロンドン市内にあるアパートは狭いので、スペインの島にスタジオを持っていて、そこで次回作を日本の和紙と墨を使って制作するということでした。日本の和紙が世界文化遺産に選ばれたので、外国人のアーティストにも注目度が高いようです。

おもしろかったのは、単刀直入に自分の意見を言う彼女の発言でした。

「夫は好きだけど、義母は大嫌い。彼女には何も買いたくないけど買わなくては……。彼は本当に紳士でも、彼女はまったく反対なのよ」

とブツブツを言いながらも、銀座の三越でかなり高価な絞りのスカーフを義母に買っていました。


半日のガイド料金の二万円がないので、銀行に行って現金を引き出してくるというので、

「気にしないで。あなたとお話しして楽しかったからおまけするわ」

と言うと、それでは何かごちそうしたいからといって、ホテルのカフェで夫が国会から戻るまで、また二人で語り合うことに。

途切れなく、小鳥がさえずるように話す人で、マイペースでおもしろく、数十年前に働いていた同僚と話しているように懐かしく、楽しいひとときでした。小さな体にぴったり合うおしゃれな革のバックパックを片ときも離さず、それがステキだとほめると、

「私たちの年になると、いつも両手が自由になるバックパックを背負うべきよ」

まるで少女のように天真爛漫な仕草の彼女を見ていると、彼女が繰り返し〝完璧な英国紳士〟という夫に、とても大事にされているのが伝わってきます。義母の悪口を言いながらも、一番

高価なものを時間をかけて探したりしていたのも、何か人間的でかわいい。

彼女に初めて会ったときから帰るまで再三言われたことは、

「写真を変えた方がいい。あなたにあったとき混同してしまったわ。若い女性だと思っていたから。まだあなた、今でも大丈夫よ」

ガイドの登録サイトに若いころの写真を使っているのを指摘され、そろそろ新しい写真に換えようと思っていたときでした。なかなかずばりと思ったことを言ってくれる人はいないものなので、彼女のアドバイスはありがたく受け止めました。

どこか観光地は行ったのかと聞くと、

「私たちのペントハウスは国会議事堂の真ん前でね、そこからスカイツリー、東京タワー、それに皇居も見えるの。東京全部が一望のもと、まさにパノラマの遠望だから、どこにも行く必要がないの」

圧巻の答えでした。

通訳人として列席した国際カップルの結婚式

通訳ガイドの検索サイトを通して頼まれた初めての仕事が、明治神宮での結婚式の通訳でした。

日本人の男性とアメリカ人の女性の国際結婚に出席するため新婦の両親がアメリカのテキサス州から来日するので、その披露宴の通訳をしてほしいという依頼。結婚式に列席した後、新婦の両親と三人で食事を頂きながら、ゲストのスピーチを通訳するという楽しい仕事でした。

大学で知り合ったという二〇代の二人は、美男美女で、とてもフレッシュなお似合いのカップル。新郎は外資系の大手企業に勤めている国際ビジネスマン。出席者の大半が上智大学の学生時代の友人たちで、明るくインターナショナルな雰囲気、石油会社に勤めている新婦の父親のスピーチを通訳すると、披露宴は無事に終了。

数時間後に近くのレストランでの二次会に行くと、新郎新婦が受付をしていました。

そこで会費制だったことを知り、会費をお支払いしたいと申し出ると、カップルは快く私の申し出を受諾。その後すぐ到着した新郎新婦の両親も駆けつけ、リラックスした雰囲気ですすめられました。新婦の母親は、とても気遣いのある女性で、「私たちのことは心配しないで、パーティーを楽しんでください」と言ってくれました。

新郎は英語が堪能、温厚な感じの新郎のご両親も英語を理解している様子。通訳の必要性はあまりなかった気がしますが、はるばるテキサスから出席する新婦の両親のために、新郎が米国生活が長い通訳を指名して来た理由も理解できました。

留学中に日本語を習得したという新婦と新郎との会話は日本語でしたが、ほぼ完ぺきな日本語を話すのでびっくり。才色兼備な美しいアメリカ人女性と、聡明でハンサムな日本人男性。双方の両親だけでなく誰からも祝福されている二人は、まだ二〇代。このチャーミングなカップルの結婚式に出席できたことは、まさにガイドの醍醐味というか、ガイド冥利に尽きる素晴らしい体験でした。

やり甲斐があった国際会議の御膳立て

一風変わった仕事といえば、コンベンションのケータリングを賄っている会社から依頼された仕事でした。オーストラリアからよく通る美声の女性が電話をかけてきました。

「ケータリングの会社ですが、今度東京でドクターの会議があるので、その値段の交渉をする通訳が必要なのです」

朝六時からだと早朝のうえ、交渉場所まで家が遠いので難しいということを伝えると納得した様子。その数日後東京に帰るとまた電話があり、結局朝の七時スタートということに。プロのガイドを生業にしている人であれば、午前中だけの仕事は断るのは当然なので、他に誰も見つからなかったのでしょう。

こんな朝早くからいったい何の交渉をするのかと思っていたら、クロワッサンとサンドイッチそれに何か普通のパンをテーブルに並べ、首尾よく出席者全員にサービスするための、日本の賄い業者との打ち合わせでした。

早稲田大学に一〇〇人以上の教授たちがいっせいに集い、国際会議をしている間に行われるケータリングサービスです。

教授たちが午前中の仕事を始める前のコンベンションなので、朝食を中心に会議が執り行われるため、その前に準備万端、飲食の手配をするのが大事ということ。食べ物だけでなく筆記用のペンやメモ用紙などの準備もあり、あちこちのコンビニでかき集めてなんとか間に合わせました。時間に追われましたが、やり終えた後の充実感を感じた仕事でした。

最初に会ったときには毛玉のついたセーターを着て、革がはがれたよれよれのバッグを抱えていた彼女の服装が、二回目以降からはだんだんあか抜けしてきて、最近では別人のようにセンスのよい女性に変身してきているので、仕事が順調なことは感じていました。

「私たちのビジネスは軌道に乗ってます。香港や中国、そしてアジア諸国にもケータリングをしてます」

この会社を始めた彼女の父親は元バングラデッシュの大学の教授で、オーストラリアに移住。そこで生まれた英語堪能の長女が渉外など、会議の進行全般を取り仕切っていて手伝っているという家族経営。ハードな仕事を、てきぱきとこなしていく彼女の姿は頼もしくオーラがいっぱいで、彼女の口から直接ビジネスが成功しているというハッピーなニュースを聞いて、早起きをしてやるだけの価値は十分あったと思った次第です。

第七章

二週間毎日夕食を一緒に食べる旅

原爆ドームの前で米国人のキャサリンと

いとことその友人のガイド

一九一九年の五月から六月にかけて、カリフォルニアに住むいとこが、「友人三人と一緒に三週間の旅をするので、ガイドをお願いしたのです」という連絡が入りました。「二週間以上のガイドはしたことがなかったので難しい」と返信しましたが、何日でもよいからぜひプロのガイドに頼みたいので」と懇願されました。

カップル一組と独身女性二人の四人。夫のいとこのパットが同じマンションに住むCEOだったスーとデイビッドご夫妻と、パットの親友でバリバリのキャリアウーマンだった独身女性キャサリンを誘い合わせた四人の初の日本旅行。パットは公認会計士でいくつもの企業のコンサルタントも兼任していたので、富裕層の人たちとのお付き合いが多いのです。団体旅行は絶対にしたくないとの四人の希望で、新幹線やバスの移動で日本の各地を見てまわるという旅がスタートしました。

旅の第一日目は小田原駅の新幹線乗り場で待ち合わせ。新幹線ひかりで名古屋に行き、そこから飛騨号に乗り替えて高山駅へ向かいました。

大荷物を持っての移動はたいへんでしたが、ガイドの私を含め全員が高齢者だったので、どこに行っても親切にされ、重い荷物などの上げ下ろしも手伝っていただき、改めて日本の鉄道旅の良さを再確認しました。

高山ではフリーでお酒が試飲できる酒蔵もあり興味津々でしたが、愛飲家の四人に「日本酒はビールやワインより強いので昼間からあまり飲まないほうが無難ですよ」と前もって注意しておきました。

二日間高山に滞在した後、バスで白川郷へ。わらぶき屋根の和田家を見学した後、一通り見てから村の頂上まで行くバスに乗り、見晴らし台へ。頂上でしばし絶景を堪能しているとき、突然、スーが「こんな素晴らしい場所に連れてきてくれてありがとう」を連発しました。ふだん気難しいスーですが、いつも、かならずサンキューを忘れないアメリカ人。たとえどんなことがあっても、一日の終わりにかならず「ありがとう、今日はとてもいい日だった」と感謝の気持ちを伝えてくれる女性はなかなかいません。

女相続人として財産の管理を任されたときに出会ったのが、夫のデイビッドだったとか。スノッブで高級志向のスーの別称は〝女相続人〟と皮肉を込めてか、そう呼ばれていました。かなりの富裕層で、毎年何度もヨーロッパで休暇を過ごしていて、日本は初めてということでした。古き良き時代のアメリカ人を彷彿させる貴婦人のマナーを、七〇代の後半になっても身に着けている気品がある女性でした。

その日は快晴で、遠くアルプスまで見渡せ絶好の観光日和でしたが、前代未聞という猛暑に見舞われていて、ここ山岳地帯でもかなりの熱さ。これでは暑くて観光どころではないので、下りもバスを利用しました。

白川郷からバスと新幹線に乗り継ぎ金沢へ。

金沢駅の近くに位置するホテルは、裏通りに面するこじんまりとしたホテルで、近くに神社があり古都の雰囲気が漂っていました。この四人はもともと、パットがクルージングで出会った友人たち。パットが誘い合わせ今回の旅が実現したのですが、彼らの一番の関心事は食べること。朝食をゆっくり食べ、お昼過ぎからツアーを開始するので、昼食は無しというもの。連日六時ごろから早めの夕食をするのが通例でした。ただ四人のうち一人が牛肉NGで、もう一人が魚NGとくるとかなり限定されます。四人の希望を満たすのは焼き鳥ぐらいしかないのですが、地方の居酒屋で五人の席を確保するのはなかなか難しいのです。

金曜日の金沢はコンベンションがあったようで、どこもいっぱい。なかなか五人用のテーブルは見つかりません。ホテルに戻り近くの店を何件かあたった結果、三軒めに居酒屋があったので、そこで好きなものをオーダーすることになりました。

これが結構気に入ってくれたので、その後の予約は居酒屋がメインとなりました。

今回の四人はまさに花より団子。朝食は一一時までゆっくり食べ、夕食のために五時前にはホテルに戻ります。

レストランの予約は、遅くともその日のお昼過ぎまでにしておかないとなりません。直前に行ってもなかなか空いていません。人気店になればなるほどその傾向が強いのです。

彼らはアメリカ人としたらかなりフォーマルな人たちで、五時までにはホテルに戻り、シャワーを浴びてドレスアップしてから夕食に出かけます。食事も味などはそれほどこだわらないけれど、カクテルを楽しんでから夕食へといった類のジェットセット族のような人たちでした。かなりリッチなのですが、無駄だと思う出費は抑えたい。特にタクシー代は払いたくないタイプなので、夕食はホテルから至近距離の場所に限定。翌日の夕食は徒歩二分の距離にある寿司屋さんに。寿司を食べない人には天ぷらもOKという家族的な龍寿司は、たいへん気に入っていただきました。

金沢では一日しかなかったので、タクシーを二台予約し、兼六園へ。そこから忍者村など主要な観光地を効率よく回りました。

翌日、金沢から新幹線で京都に入りローヤルパークホテルに二泊。ここでも食べることが先行し、「お寺の見学は金閣寺だけでいいので、お茶を体験したい」とスーが言いだすと、独身のキャサリンが「京都に二日もいるのにとんでもない！　見たいところはたくさんあるわ」と早くも論戦がスタートしました。

「せっかく京都まで来たのですから、嵐山から嵯峨野に行き、金閣寺へ。翌日は清水寺周辺でお茶の体験をしたあと、伏見稲荷へ行きませんか」

というガイドの私の説得で一件落着。朱色の千本鳥居はハリウッド映画『さゆり』も撮影されていて、写真を撮るには絶好の稲荷神社と説明し、何とか納得させたのです。

とにかく混雑したところはNG、並ぶのは苦手という四人です。スケジュールを決めていない旅、フリーの旅は結構たいへんなのです。夫の親戚ということで引き受けたのですが、パットがまったく正反対の二組の友人を誘っての日本観光だったのでなかなかまとまりません。しかし、どんなに口論しても、夕食時になると何時間も仲良く会話を交わすというのは驚きでした。

自己主張や議論を交わすけれど､その場限り。単純で後を引かないアメリカ人のペースに徐々に慣れていきました。

夕食が一番大事なので、まだ四人が朝食を食べている間、ホテル周辺を歩き、午前中に予約を入れておくことにしました。

ちょうど旅が半分終了したころ、「一度だけでも日本の旅館に泊まってみたい」という希望が出たので、大阪のホテルをキャンセルし、奈良の「遊景の宿平城」に予約を入れました。今回のツアー七日目にして初めての日本旅館です。直前にやっと予約が取れたその旅館は、奈良駅から車で一五分の距離に位置する遠望のよい日本家屋でした、タクシーから降りるとシカが寄ってきたのにはびっくり。

若草山の中腹に位置するその宿は、眼下に古都の風景が広がっています。眺めのよい部屋でくつろいだ後、その夜は浴衣に着替えて日本料理を食することに。八日目にしてやっと念願の日本旅館でゆっくり日本料理を堪能することになりました。

部屋の窓からもシカが歩いているのが見えます。景色のよいところで、ゆったりとした畳の部屋でくつろぎ、温泉に入り、四人は大満足。いろいろな料理が並べられた彩り豊かな日本料理に、四人は満足げでした。チキンもビーフも魚も次々と運ばれてきたので、上機嫌。久々にワイン、日本酒を飲みながら遅くまで語り合いました。

翌日、東大寺を見学した後、またシカと戯れて近くの興福寺に向かっている途中、カップルの二人は疲れたのか「もう観光はたくさん。お寺は一日一寺で十分だから、とにかくどこかで一休みしたい」というと、キャサリンが「ここまで来て東大寺だけで帰るなんて！」と絶叫したのですが、その日の午後六時に岡山で夕食の予約をしてあるので、そんなにゆっくりはできません。

岡山では三泊しそこから倉敷、広島、それに瀬戸内海の旅をプランしていました。

直島でのアート体験が希望だったので、宮浦港に到着すると、直行したのは南寺の家プロジェクト。一五分待ってから安藤忠雄設計の木造建築内に。

真っ暗な建物の中で途中数分間、着席したり立ったりしながら進んでいくと、突然光が差してきて、ジェームズ・タレルの作品を体験するというもの。

「緊張感があり、参加者五人の連帯感が強まってよかった」

と四人は、体験後もしばし興奮気味の様子でした。

今回の旅行で彼らが絶対に外せない場所は、広島平和記念資料館でした。原爆ドームの前に来ると、四人の中でもっとも若い饒舌なキャサリンが、急にかしこまって私の腕を組んできました。

「日米で一緒に写真を撮りましょう。二度とこの悲劇をくりかえさないために!」

彼女の厳粛な面持ちが印象的でした。

広島に来るたびに思い出すのは原爆投下時、瓦礫の中から奇跡的に救出された友人、中村博子さんのこと。一〇人家族、末っ子で双子として生まれた彼女は、被爆から二二年後の一九六七年にパンアメリカン航空に入社した同期生でした。ハワイのホノルルを起点にパンナムの路

線を飛んでいたルームメートだった当時から、

「私は被爆者なの。姉たちが瓦礫をのけて壁土を掘っていると、うつぶせになった赤ん坊が出てきて、硬直していたから死んだと思っていたとき、母が着ていた着物の袖をひきちぎり、水で濡らすと瞬きをしたんだって」

と繰り返し奇跡的な生還の話を聞かされていたのです。

人類史上初の核攻撃により、広島市の人口三五万人の約半数にあたる一四万人に死者が上ったのに、中村家の全員一〇人が生存した話は、何度聞いても実に感動的でした。原爆投下後、危険を顧みず、瓦礫の中を掘り起こし双子の赤ん坊を救出した中村家の姉たちは、九四歳になる長女の久子さんをはじめ、今も揃って健在で世界をまたにかけて活躍しています。


最後のステイ先となった宮島で大鳥居が見えてきたとき、突然、一歳の娘をバギーに乗せ義父母と夫の五人でこの地を歩いたときの情景が浮かんできました。あのときも満潮時で厳島神社の朱塗りの社殿が海上に浮かぶ姿に感動したものです。もう三五年前のことです。

今、通訳ガイドとして、義母の姪であるパットと友人たちの五人で同じ場所を歩いているということが実に感慨深いというか、不思議な巡り合わせを感じたのでした。昔のままの神聖な古い神社と美しい景色が懐かしく、そして過ぎ去った歳月が愛おしく感じられたのでした。

高橋文子（たかはし ふみこ）
中央大学法学部卒業後ポーランド大使館勤務を経て、1967年パンアメリカン航空に入社。アメリカに在住して勤務を続けながら、コロンビア大学大学院を卒業する。飛びながら修士課程を修了するという体験が雑誌に連載された後、「スチュワーデス・ダイアリー」（評論社）という題名で刊行される。パンナムを退社し1987年に日本に帰国後、連載記事の執筆や海外取材記事をレポートしながら単行本の執筆を続ける。1996年に刊行された「消滅―空の帝国パンナムの興亡」（講談社）は、第22回交通図書賞を受賞。2012年、初の英語本「I was a Pan Am Princess of the sky」を出版。著書に「60才からはじめる旅行英会話」（明日香出版社）「旅する翼」（ダイヤモンド社）などがある。日本観光通訳協会、日本文芸家協会会員。現在、通訳案内士として外国人の観光ガイドをする傍ら、執筆活動を続けている。

通訳ガイドの醍醐味―訪日観光客を案内して

2021年7月15日発行

著者／高橋文子
発行者／唐澤明義
発行／株式会社展望社
〒112-0002 東京都文京区小石川3－1－7エコービル202
TEL：03-3814-1997　FAX：03-3814-3063
http://tembo-books.jp
装丁／岩瀬正弘
組版／ダイワ企画
印刷製本／株式会社東京印書館

ISBN 978-4-88546-402-7　定価はカバーに表記